IAS Mains & Interview

में सफलता के लिए

संपादक

पीयूष रोहनकर, DANICS

प्रकाशक

प्रभात प्रकाशन प्रा. लि.

प्रभात प्रकाशन प्रा. लि. का उपक्रम

4/19 आसफ अली रोड, नई दिल्ली-110002

फोन : 23289777 • हेल्पलाइन नं. : 7827007777

इ-मेल : prabhatbooks@gmail.com ❖ वेब ठिकाना : www.prabhatbooks.com

संस्करण

2026

मूल्य

तीन सौ पचास रुपए

अ.मा.पु.स. 978-93-5488-223-4

मुद्रक

सीता फाइन आर्ट, दिल्ली

UPSC SOOKTI KOSH

by Piyush Rohankar, DANICS

₹350.00

प्राक्कथन

अगर साधारण शब्दों में कहें तो निबंध ऐसा लेखन कार्य होता है जो लेखक के किसी विषय के प्रति दृष्टिकोण और विचारों की प्रस्तुति होता है। पिछले कुछ वर्षों से निबंध का महत्त्व अत्यधिक बढ़ गया है विशेषकर प्रतियोगिता परीक्षाओं में, जहाँ संघ लोक सेवा आयोग द्वारा उच्च पदों के कार्यभार सौंपे जाने की प्रक्रिया में यह व्यक्ति विशेष के व्यक्तित्व का परिचायक बन गया है। सिविल सेवा परीक्षा के परिप्रेक्ष्य में निबंध के द्वारा परीक्षार्थी के व्यक्तित्व, तार्किक शक्ति और विचारों के संतुलन का परिचय मिलता है। निबंध लेखन कला भी है और विज्ञान भी। निबंध लेखन में आसानी से महारत हासिल की जा सकती है लेकिन उसके लिए उचित सामग्री और सही बुनियाद की आवश्यकता होती है।

अच्छे निबंध और उत्तर देने की कला में मजबूत आधार के लिए अच्छी सूक्तियों, उद्धरणों, व्यंगोक्तियों, नए विचारों, रचनात्मक लेखों और छोटी कहानियों की आवश्यकता होती है।

श्री पीयूष रोहनकर जी के साथ मेरा सामीप्य और संपर्क मेरे संघर्ष के दिनों से रहा है। यूँ कहिए 'सिविल सेवा' की परीक्षाओं के दिनों से। उनके पास शुरू से ही अतुल्य उद्धरणों, सूक्तियों, रचनात्मक विचारों, व्यंगोक्तियों और छोटी-छोटी रोचक कहानियों का ऐसा खजाना होता था जिनके कारण वे छात्रों के बीच भी लोकप्रिय बने रहते। अपने इस खजाने का प्रयोग करना वे बखूबी जानते थे; चाहे वार्तालाप में हो चाहे लेखन में। उनकी सूक्तियों और विचारों का मेरी परीक्षा की तैयारी, खासकर तैयारी की गुणवत्ता पर गहन प्रभाव पड़ा। उनकी सूक्तियों और विचारों के कारण मैं न केवल औचित्यपूर्ण उत्तर और लेखन कार्य करने लगा बल्कि समय के साथ मुझे संयत और संतुलित बनाने और मेरे दृष्टिकोण और विचार निर्माण में भी उनका सहयोग रहा।

मुझे खुशी है कि उन्होंने अपनी रचनात्मकता को चाहे वह विचारों की हो, कल्पना की या कि अवधारणा की, एक पुस्तक का रूप देने की सोची। पीयूष जी हमेशा से ही रचनात्मक व सर्जनात्मक, भाषा विज्ञान के शोधक और विद्वत चिंतक रहे हैं। उनकी रोचक कहानियों, उद्धरणों, सूक्तियों का असाधारण खजाना प्रशंसनीय है। यही नहीं,

उन्होंने अपने ज्ञान का हमेशा व्यवस्थित और प्रासंगिक प्रचार किया। उनकी लेखन शैली स्पष्ट, सुबोध और व्यावहारिक है।

मुझे विश्वास है कि उनकी इस पुस्तक की भावाभिव्यक्ति पाठकों में अभिनवता, सर्जनात्मकता और रचनात्मकता का संचार कर सकेगी। ऐसा करने पर फल निश्चित ही लाभदायक होगा। मैं आशा करता हूँ कि यह प्रयास संघ लोक सेवा आयोग की परीक्षाओं के लिए अत्यंत लाभदायक रहेगा और साथ ही पाठक के विस्तृत चिंतन और व्यक्तित्व निर्माण में श्रेयस्कर रहेगा। मेरा यह कहना अतिशयोक्ति नहीं होगा कि इस पुस्तक में भावी पाठकों की चयन संभावनाओं को सकारात्मक रूप से प्रभावित करने की अद्‌भुत क्षमता है।

शुभकामनाओं के साथ,

पाठ सुखद हो!!

हेमंत रोहिल्ला, IRS (C & IT)

निबंध विषय के टॉपर (UPSC CSE 2013)-160/250

लेखकीय

सूक्तियाँ विचारों की बहुआयामी अभिव्यक्ति होती हैं, उनमें विषयवस्तु के सार को स्वयं में समाहित कर लेने की क्षमता होती है। वह पाठकों के समक्ष किसी भी आलेख से संबंधित भूमिका बना देती हैं और पाठक आसानी से समझ जाते हैं कि अब उन्हें आलेख में किस प्रकार का विवरण मिलेगा। सूक्तियों को संगृहीत करने के पीछे एक ही उद्देश्य है कि पाठकों को प्रख्यात विद्वानों, महापुरुषों और ज्ञानियों की सूक्तियाँ एक ही स्थान पर उपलब्ध हों।

UPSC CSE के छात्रों द्वारा न केवल निबंध, नीतिशास्त्र, सत्यनिष्ठा और अभिरुचि के पेपर के दौरान बल्कि सामान्य अध्ययन के पेपर तथा साक्षात्कार के दौरान भी प्रश्नों के उत्तर में इन सूक्तियों का उपयोग विषय को अतिरिक्त रोचकता प्रदान करेगा, वही इस पुस्तक का उद्‌देश्य भी है।

सूक्तियों को शामिल करते हुए इस बात का विशेष ध्यान रखा गया है कि इस पुस्तक में केवल UPSC CSE विषय से संबंधित सूक्तियों को ही शामिल किया जाए ताकि अभ्यर्थी अप्रासंगिक सूक्तियों के भार तले दब न जाएँ।

मूल्यांकन करने वाले के बारे में सोचिए जिसे कई सौ परीक्षा पुस्तिकाएँ जाँचनी होती हैं; एक जैसे प्रश्न और मिलते-जुलते उत्तर, यह निश्चित रूप से चुनौतीपूर्ण, उबाऊ और मानसिक रूप से थका देने वाला है कि सैकड़ों उत्तर पुस्तिकाओं में एक ही प्रश्न के अलग-अलग उत्तरों का मूल्यांकन कर उन सभी के लिए अंक निर्धारित करना। कल्पना कीजिए कि एक ही प्रश्न के एक जैसे हजारों उत्तर; थोड़ी-सी भिन्नता के साथ बार-बार पढ़ना और मूल्यांकन करना। ऐसे में अगर आपके उत्तर कुछ हटकर और प्रभावकारी होंगे तो मूल्यांकनकर्ता की आँखें खुशी से चमक उठेंगी और आप अपने प्रतिस्पर्धी से अच्छे अंक प्राप्त करेंगे।

ये सूक्तियाँ किसी भी सिविल सेवा परीक्षा के अभ्यर्थी के प्रमुख हथियार या अलंकार हैं जिनसे वे अपने उत्तरों को सुशोभित कर सकते हैं और उन्हें साधारण से असाधारण बना सकते हैं, फिर परीक्षा चाहे लिखित हो या मौखिक।

सूक्तियों में किसी भी विषय के निबंध, आलेख या उत्तर को आकर्षक बनाने का गुण होता है। वे आलेख को अत्यधिक रोचक और प्रभावकारी बनाती हैं। सूक्तियाँ उस चिराग के समान हैं जो आपके उत्तर को प्रकाशमान करती हैं और जाँचकर्ता को आपके उत्तरों का सही और औचित्यपूर्ण मूल्यांकन करने का अवसर देती हैं।

यह पुस्तक संघ लोक सेवा आयोग द्वारा आयोजित भारतीय प्रशासनिक सेवा के परीक्षार्थियों को अच्छी और सटीक सूक्तियाँ उपलब्ध कराने का प्रयास है। पुस्तक में, प्राचीन, वर्तमान और समकालिक सूक्तियाँ हैं ताकि परीक्षार्थी, परीक्षाओं में सर्वश्रेष्ठ कही जाने वाली भारतीय प्रशासनिक सेवा की परीक्षा में अच्छे अंकों से उत्तीर्ण हो सकें।

सूक्तियाँ संकलित करना सफल हो!

पीयूष अरुण रोहनकर, DANICS

असिस्टेंट कमिश्नर (एक्साइज)

दिल्ली सरकार

आभार

मैं अपने पिता, श्री अरुण रोहनकर, माँ कल्पना रोहनकर, बहन अक्षरा रोहनकर और पत्नी शनशुई, जिनका सहयोग, आशीर्वाद और प्रेम मुझे हमेशा ही मिलता रहा, का आभार व्यक्त करता हूँ।

मैं श्री हेमंत रोहिल्ला का भी अत्यंत आभारी हूँ जिन्होंने मेरी सूक्तियों की पुस्तक का अनुमोदन कर मुझे कृतज्ञ किया।

मेरे पिता श्री अरुण रोहनकर और बहन अक्षरा रोहनकर को विशेष आभार जिन्होंने मेरी इस पुस्तक के संपादन में धैर्य दिखाते हुए उसे और अच्छा बनाने में सहयोग दिया।

मेरे मित्रों और प्रशंसकों का भी मैं अत्यंत आभारी हूँ जो मेरी इस पुस्तक के लेखन में सदा प्रेरणास्रोत बने। मैं उनके प्रेम के प्रति कृतज्ञ हूँ।

पाठ सुखद हो!

UPSC में सफलता हेतु सूक्तियों का प्रभावकारी प्रयोग

जब से प्रशासनिक सेवा की परीक्षा 1992 में 'निबंध' और 2013 में 'नीतिशास्त्र, सत्यनिष्ठा और अभिरुचि' का प्रश्न-पत्र प्रारंभ हुआ है, तब से परीक्षार्थियों के दृष्टिकोण में जमीन-आसमान का अंतर आया है। लद गए वो दिन जब कोई भी पुस्तकें रटकर संघ लोक सेवा आयोग की भारतीय प्रशासनिक सेवा की परीक्षा में अच्छे अंक लाकर ऊँचे पद पर अपनी नौकरी पक्की कर लेता था। अब विश्लेषणात्मक प्रश्न अधिक होते हैं इसीलिए पढ़ाई रटने से ज्यादा समझ और विश्लेषण की अपेक्षा रखती है।

समय और शब्द-सीमा परीक्षार्थियों को प्रेरित करती है कि वे अपना उत्तर सटीक और सुबोध तरीके से दें। इसी में सूक्तियाँ महत्त्वपूर्ण भूमिका अदा करती हैं।

परीक्षार्थियों के तरकश में सूक्तियों के तीर बहुत महत्त्व रखते हैं। इससे एक ओर अभ्यर्थी की तीव्र बुद्धि का परिचय मिलता है तो दूसरी ओर सारगर्भित उत्तर पढ़कर मूल्यांकनकर्ता को भी आनंद आता है।

सूक्तियाँ ऐसे लंगर का कार्य करती हैं, जिनके आसपास आप अपने उत्तर का निर्माण कर सकते हैं। यही नहीं, सूक्तियाँ आपको निबंध को विभाजित कर उसे अन्य घटनाओं से जोड़ने व नए आयाम की प्रस्तुति में सहायता देती हैं। सूक्तियों से जाँचकर्ता पर सकारात्मक और गहन प्रभाव पड़ता है।

यदि सूक्तियों का ध्यान से प्रयोग किया जाए तो जाँचकर्ता समझ जाता है कि आपका भाषा पर अधिकार है और उस विषय पर आपकी पकड़ भी सराहनीय है। यही दो बातें उच्च पदों पर आसीन अफसरों से अपेक्षित होती हैं-भाषा पर अधिकार और विषय की समझ।

खैर, सूक्तियों का प्रयोग करते समय निम्नलिखित बातों का ध्यान रखना अत्यंत आवश्यक है:

1. यदि कोई सूक्ति आपको अस्पष्ट रूप से याद है तो उसे उद्धृत मत कीजिए। सूक्ति शब्दश: याद होने पर ही लिखें।

2. अशुद्ध उद्धरण न दें। यदि आपको उद्धरणकर्ता का नाम याद न हो तो उस उद्धरण का श्रेय किसी और को न दें।

3. केवल उत्तरों को अच्छा दिखाने के लिए सूक्तियों का प्रयोग न करें। उनकी अधिकता जाँचकर्ता को यह सोचने पर विवश करती है कि आपके पास अपनी राय या विचारों की कमी है।

4. प्रश्न और निबंध के आवश्यकतानुसार ही सूक्तियों का प्रयोग करें। कोई सूक्ति आपको पसंद है इसीलिए लिख देना, सही नहीं होगा। विषय के अनुसार वह सटीक भी होनी चाहिए।

5. सूक्तियों को रेखांकित करें। इससे मूल्यांकनकर्ता का ध्यान उस पर सहज रूप से जाएगा और उनका समय भी बचेगा।

6. सूक्ति लिखने के बाद यह स्पष्टीकरण भी दें कि वह आपके उत्तर के लिए किस प्रकार प्रासंगिक है।

7. यदि आप साक्षात्कार के समय सूक्ति के प्रयोग की योजना बना रहे हैं तो इसका अभ्यास शीशे के सामने करें या फिर समूह-चर्चा में, इससे आपका आत्मविश्वास बढ़ेगा और आप साक्षात्कार में पैनल के सदस्यों के सामने गलती नहीं करेंगे।

8. राजनीति से उत्प्रेरित सूक्तियों का इस्तेमाल न करें। चाहे वह नेता जीवित हो अथवा नहीं।

9. सूक्ति लिखने के बाद उस सूक्ति के क्या अर्थ हो सकते हैं और आपने उसे किस अर्थ में लिखा है, उसका वर्णन अवश्य करें ताकि अपने तर्क को और मजबूती दे सकें।

सूक्तियों को याद करने के तरीकों में से एक है कि आप इसे फेसबुक या व्हाट्सएप जैसे सोशल मीडिया ग्रुप्स पर डालकर देख सकते हैं कि इस पर लोग कैसी प्रतिक्रिया देते हैं या यह कितनों का ध्यान आकर्षित करती है। आपके द्वारा अपलोड की गई सूक्ति से आपका सोशल मीडिया सर्कल जितना अधिक जुड़ा होगा उतना अधिक आपके इसे याद रखने की संभावना होगी। मेरे कहे पर विश्वास न करें, आजमा कर देखें।

विषय-सूची

❖ *प्राक्कथन*............3

❖ *लेखकीय*............5

❖ *आभार*............7

❖ *UPSC में सफलता हेतु सूक्तियों का प्रभावकारी प्रयोग*..... 9

UPSC सूक्ति कोश 17-228

1. सत्ता 19
2. योग्यता 21
3. कला............22
4. कृषि 24
5. रवैया 25
6. पुस्तकें............27
7. नौकरशाही............28
8. व्यापार............30
9. जाति 32
10. पूँजीवाद............33
11. भ्रष्टाचार 35
12. साम्यवाद 37
13. करुणा 38
14. चाणक्य 39

15. परिवर्तन 42
16. स्थिरता 44
17. रिवाज 45
18. संस्कृति 47
19. प्रतियोगिता 48
20. अंतरात्मा की आवाज 49
21. साहस 50
22. चरित्र 52
23. बच्चे 54
24. संविधान 56
25. कूटनीति 58
26. कर्तव्य 60
27. लोकतंत्र 61
28. नियति और प्रारब्ध 63
29. विविधता 65
30. विकास 66
31. मृत्यु 68
32. समानता 69
33. संवेगात्मक बुद्धि 71
34. ईर्ष्या 73
35. दुश्मन 74
36. शिक्षा और ज्ञान 76
37. सहानुभूति 79
38. प्रयास 80
39. पर्यावरण 82
40. अहंकार 84
41. अर्थव्यवस्था 86
42. नीतिशास्त्र 88

43. क्षमा और दया 90

44. आस्था 91

45. परिवार 92

46. फैशन 94

47. नारीवाद 95

48. भविष्य 97

49. भय 99

50. विफलता 100

51. ईश्वर 101

52. विकास 102

53. लालच 103

54. महानता 104

55. आभार 106

56. शासन और सरकार 107

57. लिंग समानता 109

58. घृणा 110

59. आदत 112

60. शौक 113

61. उपचारात्मक 114

62. इंसानियत 115

63. आशा 116

64. स्वास्थ्य 117

65. ईमानदारी और सत्यनिष्ठा 118

66. खुशी 120

67. अज्ञान 121

68. समावेशी विकास 122

69. भारत 123

70. असमानता 125

71. अखंडता 126
72. बुद्धि 128
73. इंटरनेट 130
74. कल्पना 131
75. विचार 132
76. ईर्ष्या-द्वेष 133
77. पत्रकारिता 134
78. न्याय और अन्याय 136
79. निर्णय 138
80. दया और विनम्रता 140
81. स्वतंत्रता और आजादी 142
82. कानून 143
83. जीवन 144
84. प्यार 145
85. कानूनी 147
86. भौतिकवाद 148
87. विवाह 149
88. मीडिया 150
89. नैतिकता 152
90. राष्ट्रीय हित 153
91. तटस्थता और उदासीनता 155
92. राष्ट्र 156
93. परमाणु ऊर्जा 157
94. परमाणु युद्ध 158
95. अवसर 159
96. राय 160
97. सत्ता 162
98. राजनीति 164

99. धैर्य 165
100. गरीबी 166
101. दर्द 168
102. जुनून 169
103. प्रगति 170
104. पंचायत राज 171
105. सिद्धांत 172
106. देशभक्ति 174
107. सजा 175
108. शांति 177
109. अधिकार 178
110. धर्म 179
111. तर्क 181
112. शरणार्थी 182
113. जिम्मेदारी 183
114. बदला 185
115. संभोग 186
116. मौन 188
117. खेल 189
118. सतत विकास 190
119. आत्महत्या 191
120. पाप 193
121. आत्मा 194
122. समाजवाद 195
123. समाज 196
124. विज्ञान 197
125. सफलता 199
126. आतंकवाद 200

127. प्रौद्योगिकी 202
128. परंपरा 204
129. यात्रा 205
130. विश्वास 206
131. सत्य 208
132. सोच 210
133. समय 211
134. एकता 212
135. हिंसा 213
136. वेद 214
137. बुद्धि 217
138. इच्छाशक्ति 219
139. युद्ध और लड़ाई 220
140. महिला अधिकारिता 222
141. कार्य 225
142. योग 226
143. युवा 228

UPSC
सूक्ति कोश

1

सत्ता

1. प्रत्येक नागरिक की यह पहली जिम्मेदारी है कि वह सत्ता से प्रश्न करे।
–बेंजामिन फ्रैंकलिन

2. सत्य का सबसे बड़ा दुश्मन है, सत्ता में अंधविश्वास। *–अल्बर्ट आइंस्टीन*

3. सत्ता के साथ समस्या यह है कि यदि आप इसे छोड़ देते हैं, तो दूसरे इस पर अधिकार जमा लेते हैं। *–यूं हा ली*

4. जब हम अपने स्वयं के तर्क को छोड़ देते हैं, और सभी बातों के लिए सत्ता पर विश्वास कर संतुष्ट हो जाते हैं, हमारी परेशानियों का कोई अंत नहीं रहता।
–बर्ट्रेंड रसेल

5. कहीं कोई व्यक्ति सत्ता के अधिकार का प्रयोग करता होगा, वहीं एक आदमी ऐसा भी होगा जो उस सत्ता का विरोध करता होगा। *–ऑस्कर वाइल्ड*

6. सत्ता को जब पहली बार अपनी अराजकता की सच्चाई का पता लगता है, वह अपनी घटिया योजनाओं का मुखौटा लगाकर खुद को बचाने की कोशिश करती है। *–एलन मूर*

7. सत्ता हर उस व्यक्ति के लिए घातक बन जाती है जो स्वयं को सत्ता समझने लगता है। *–व्लादिमीर लेनिन*

8. कोई भी अधिकार सत्ता को इतना मजबूत नहीं करता जितना कि जनता का मौन। *–लियोनार्डो दा विंसी*

9. सत्ता या तो परंपरा आधारित होती है या प्राकृतिक अधिकारों पर अन्यथा उसे हथियाया हुआ माना जाता है। *–चार्ल्स जॉन स्मिथ*

10. प्रथाएँ और सत्ता सत्य के निश्चित प्रमाण नहीं हैं। ***-इसाक वाट्स***

11. नवोन्मेष की घटना के प्रमुख घटक हैं-सत्ता को चुनौती देना और नियम तोड़ने की क्षमता होना। ***-विवेक वाधवा***

12. ऐसी सत्ता का अस्तित्व भी न रहने दें जो जनता के प्रति जवाबदेह न हो। ***-थॉमस जेफरसन***

13. जहाँ लोगों के हाथों में सत्ता नहीं होगी, वहाँ उनके अधिकारों का सम्मान भी नहीं होगा। ***-जॉर्ज बैनक्रॉफ्ट***

14. सत्ता से प्रश्न करते समय उसके अधिकारों का सम्मान करें। ***-रैंडी पॉश***

ଓଷ୍ଠ

2

योग्यता

1. प्रतिभा और कुछ नहीं बल्कि धैर्य धरने की योग्यता है।

–बेंजामिन फ्रैंकलिन

2. प्रतिभा दो बराबर के हिस्सों से निर्मित होती है–प्राकृतिक योग्यता और कड़ी मेहनत। *–आंद्रे मौरोइस*

3. आस्था आत्मा का कौशल है। वास्तव में, यह एक कला है; जो आप में जन्मजात होनी जरूरी है। *–एंटोन चेखोव*

4. यह अपेक्षा की जाती है कि योग्यताएँ उपलब्धियों में परिवर्तित हों। यही सर्वशिक्षा का उद्देश्य है। *–जोहान वोल्फगैंग वॉन गोएथे*

5. मनुष्य का मानसिक गठन ऐसा है कि हर कोई उस काम को करने को लालायित है जो वह दूसरों को करते देखता है, चाहे उसके पास उस कार्य को करने की योग्यता है अथवा नहीं।

–जोहान वोल्फगैंग वॉन गोएथे

6. विजयी होने की कला मानसिकता में होती है, योग्यता में नहीं।

–डेनिस वेटली

7. योग्यता का आरंभ मानसिकता से होता है। *–ग्रेग नॉर्मन*

8. बिना प्रयास के कोई भी किसी भी कार्य को नहीं कर सकता चाहे उसमें कितनी भी योग्यता क्यों न हो। *–एंजेला डकवर्थ*

3

कला

1. हमारे पास सत्य के कारण न मारे जाने की अनुशासित कला है।

–फ्रेडरिक नीत्शे

2. कला वह झूठ है जो हमें सच्चाई से अवगत कराती है। *–पाब्लो पिकासो*

3. कला एक ही समय में हमें स्वयं को खोजने और खो देने में सक्षम बनाती है।

–थॉमस मर्टन

4. कला आत्मा पर जमी जिंदगी की प्रतिदिन की धूल साफ कर देती है।

–पाब्लो पिकासो

5. ...और फिर, मेरे पास प्रकृति है, कला है और कविता है, और यदि यह पर्याप्त नहीं है, तो क्या पर्याप्त होगा? *–विंसेंट विल्हेम वान गॉग*

6. जीवन कला का अनुकरण नहीं करता, बल्कि टेलीविजन पर प्रसारित बुरे कार्यक्रमों का अनुकरण करता है। *–वुडी एलेन*

7. कला वह नहीं है जो आप देखते हैं, बल्कि वह है जो आप दिखाते हैं।

–एडगर डेगास

8. रचनात्मकता एक साहसिक कार्य है। *–हेनरी मैटिस*

9. सही मायने में लोगों से प्यार करने से ज्यादा कलात्मक कुछ भी नहीं है।

–विंसेंट वान गॉग

10. कला आपके विचारों के इर्द-गिर्द घूमने वाली एक रेखा है। *–गुस्ताव क्लिम्ट*

11. कला का कभी अंत नहीं होता, उसे केवल त्याग दिया जाता है।

–लियोनार्डो दा विंसी

12. एक सच्चा कलाकार वह नहीं जो स्व–प्रेरित हो, बल्कि वह है जो दूसरों को प्रेरित करे। ***–साल्वाडोर डाली***

13. कला का उद्द्देश्य वस्तु के बाह्य (बाहरी) रूप का प्रतिनिधित्व करना नहीं, बल्कि उसके आंतरिक महत्त्व को प्रस्तुत करना है। ***–अरस्तु***

14. कला एक मुराद रूपी गंतव्य है जहाँ पहुँचने की उम्मीद में आप निरंतर प्रयासरत हैं, लेकिन आप पहुँचते कभी नहीं हैं। ***–एंसेल्म किफर***

15. कलाकार को केवल अपनी आँखों को नहीं, बल्कि अपनी आत्मा को भी कला के लिए प्रशिक्षित करना चाहिए। ***–वेसीली कैंडिंस्की***

16. कलाकार कोई अलग तरह का व्यक्ति नहीं, बल्कि हर व्यक्ति एक अलग तरह का कलाकार है। ***–एरिक गिल***

4

कृषि

1. कोई भी जाति तब तक समृद्ध नहीं हो सकती जब तक वह यह न सीख ले कि एक खेत जोतने में भी उतनी ही गरिमा है जितनी कि कविता लिखने में।

   –बुकर टी. वाशिंगटन

2. कृषि मनुष्य का पहला व्यवसाय थी, और चूँकि वह पूरी पृथ्वी को समेटे हुए है, अत: अन्य सभी उद्योगों की नींव है। *– ई.डब्ल्यू. स्टीवर्ट*

3. अगर कृषि नष्ट हो जाती है, तो बाकी सब कुछ विफल हो जाता है।

   –एम. एस. स्वामीनाथन

4. कृषि मनुष्य द्वारा किया जाने वाला सबसे स्वास्थ्यप्रद, उपयोगी और महान रोजगार है। *–जॉर्ज वाशिंगटन*

5. कृषि में निवेश भूख और गरीबी के खिलाफ सबसे अच्छा हथियार है, जिसने अरबों लोगों का जीवन बेहतर बनाया है। *–बिल गेट्स*

6. हमारी अर्थव्यवस्था में किसान ही एकमात्र ऐसा व्यक्ति है जो सब कुछ खुदरा खरीदता है, सब कुछ थोक में बेचता है, यहाँ तक कि सामान के आवागमन भाड़े का भुगतान भी वही करता है। *–जॉन एफ. कैनेडी*

7. कोई भी व्यक्ति, राजनेता बनने के योग्य नहीं है यदि वह गेहूँ की समस्या से अनभिज्ञ हो। *–सुकरात*

8. कृषि राष्ट्र की समृद्धि का आधारभूत स्रोत है। *–जे. जे. मेप्स*

9. चिकित्सा और कृषि के क्षेत्रों की प्रगति ने इतिहास में हुए युद्धों की तुलना में अधिक जीवन बचाए है। *–कार्ल सैगन*

10. कृषि का महत्त्व स्पष्ट है। लोगों को भोजन चाहिए और वे भोजन करना पसंद भी करते हैं। ऐसे में कृषि को बढ़ावा देना वास्तव में बहुत आसान है। *–सैम टर्नर*

5

रवैया

1. आपका नजरिया आईने की तरह है। जैसा रवैया आपका दूसरों के प्रति होगा, वैसा ही दूसरों का आपके प्रति। ***–जस्टिन हेराल्ड***

2. अपनी खुशी के निर्धारण में जीवन के प्रति आपका दृष्टिकोण आपके पैसे, रूप, पद, समाज में आपके स्थान या प्रतिभा से कहीं अधिक महत्त्वपूर्ण है।
–स्टेफनी डाउरिक

3. एक अच्छे और बुरे दिन के बीच एकमात्र अंतर आपका दृष्टिकोण है।
–डेनिस ब्राउन

4. आपका दृष्टिकोण कार चलाने वाले इंजन की तरह होता है। वह जितना बारीकी से तराशा गया होगा, उतनी ही अच्छी आपके जीवन की गाड़ी चलेगी।
–कीथ हरेल

5. आपकी सफलता आपकी योग्यता नहीं, बल्कि आपका रवैया निर्धारित करेगा।
–जिग जिग्लार

6. इससे कोई फर्क नहीं पड़ता कि आप कितने प्रतिभाशाली, अनुभवी या मेहनती हैं–यदि आपकी मनोवृत्ति खराब है, तो आपके विकल्प सीमित हो जाएँगे।
–एंड्रयू मर्ले

7. जीवन की एकमात्र अयोग्यता असभ्य व्यवहार है। ***–स्कॉट हैमिल्टन***

8. जीवन एक भग्न पोत (जहाज) है लेकिन हमें जीवनरक्षक नौकाओं में गीत गाना नहीं भूलना चाहिए। ***–वॉल्टेयर***

9. जिंदगी में सर्वोत्तम जीवन जीने वाले लोग नहीं, अच्छा दृष्टिकोण रखने वाले लोग खुश होते हैं। ***–बॉब लोंसबेरी***

10. आपको इस बात से सुख या दु:ख नहीं मिलता कि आपके पास क्या है, या आप कौन हैं, या कहाँ हैं, या क्या करते हैं या क्या कर रहे हैं। आपको वह मिलता है जो आप सोचते हैं। ***–डेल कार्नेगी***

11. एक आदमी से सभी स्वतंत्रताएँ छीनी जा सकती हैं सिवा एक के किसी भी परिस्थिति में अपना रास्ता और दृष्टिकोण चुनने की आजादी।

–विक्टर ई. फ्रैंकल

12. एक आदमी तब तक खुश रहता है जब तक वह खुश रहना चाहता है।

–अलेक्जैंडर सोल्झेनित्सिन

13. मेरी पीढ़ी की सबसे बड़ी खोज यह है कि मनुष्य अपने दृष्टिकोण को बदलकर अपने जीवन को बदल सकता है। ***–विलियम जेम्स***

14. रवैया/नजरिया एक छोटी–सी चीज है पर एक बड़ा फर्क ले आता है।

–विंस्टन चर्चिल

15. जिस प्रकार हम कैसे सोचते हैं वह हमारे कृत्य में दिखता है, ऐसे ही मनोवृत्तियाँ मन का दर्पण हैं। वे हमारी सोच को प्रतिबिंबित करती हैं।

–डेविड जोसेफ श्वाट्र्ज

16. आपका सोचने का तरीका (दृष्टिकोण) या तो सफलता के द्वार पर ताला लगाने की कुंजी है या फिर सफलता का द्वार खोलने की। ***–डेनिस वेटली***

6

पुस्तकें

1. पुस्तकें तभी लिखें जब आप उनमें वे बातें कहने जा रहे हों जिन्हें आप कभी किसी को बताने की हिम्मत नहीं करेंगे। ***–एमिल सियोरान***

2. पुस्तक हमारे भीतर जमे हुए भाव रूपी समुद्र के लिए कुल्हाड़ी की तरह होनी चाहिए। ***–फ्रांज काफ्का***

3. पुस्तकें वह मादक पदार्थ हैं जिनका नशा बहुत गहरा होता है। ***–फ्रांज काफ्का***

4. मैं पुस्तकों के बिना नहीं रह सकता। ***–थॉमस जेफरसन***

5. बिना किताबों का कमरा बिना आत्मा के शरीर के समान होता है। ***–मार्कस टुलियस सिसरो***

6. जीवन का आदर्श है–अच्छे दोस्त, अच्छी पुस्तकें और एक सुप्त अंत:करण। ***–मार्क ट्वेन***

7. मैंने हमेशा कल्पना की है कि स्वर्ग एक प्रकार का पुस्तकालय होगा। ***–जॉर्ज लुइस बोर्गेस***

8. अगर आप सिर्फ वही किताबें पढ़ते हैं जो दूसरे पढ़ रहे हैं तो आप केवल वही सोच सकते हैं जो बाकी लोग सोच रहे हैं। ***–हारुकी मुराकामी***

9. ... दिमाग को वैसे ही किताबों की जरूरत होती है जैसे तलवार पर धार करने के लिए पत्थर सिल्ली की जरूरत होती है। ***–जॉर्ज आर. आर. मार्टिन***

10. पुस्तकें नारी के साहचर्य का समृद्ध विकल्प नहीं हैं, लेकिन उन्हें ढूँढ़ना आसान है। ***–पैट्रिक रोथफस***

11. एक पाठक मरने से पहले एक हजार बार सार्थक जीवन जीता है, और जो नहीं पढ़ता, वह सिर्फ एक बार। ***–जॉर्ज आर. आर. मार्टिन***

7

नौकरशाही

1. हर क्रांति समय के साथ समाप्त हो जाती है और पीछे जो छूटता है वह है अफसरशाही के तंत्र का किया हुआ कीचड़। *–फ्रांज जोसेफ काफ्का*

2. जो आदमी कुछ गलत होने पर मुस्करा सकता है, तो समझ लीजिए कि उसने किसी और को दोष देने का निश्चय कर रखा है। *–रॉबर्ट ब्लोच*

3. समिति क्या होती है ? अनावश्यक काम करने के लिए अनुपयुक्त लोगों में से चुने गए अनिच्छुक लोगों का एक समूह। *–रिचर्ड हार्कनेस*

4. नौकरशाही अपनी अंतिम स्थिति खोने के बावजूद लंबे समय तक यथास्थिति का बचाव करती है। *–लॉरेंस जे. पीटर*

5. एक अपमानित नौकरशाह के रोष से बड़ा कोई नरक नहीं होता। *–मिल्टन फ्राइडमैन*

6. नौकरशाह वह अधिकारी होता है जिसके पास शक्ति की वह पोशाक होती है जो उसके नाप की नहीं होती। *–इवान एसारी*

7. आप जानते हैं कि आप नौकरशाही में हैं जहाँ सौ लोग एक साथ 'क' के बारे में सोचते हैं और 'ख' से समझौता कर लेते हैं। *–स्कॉट एडम्स*

8. हर जगह एक आदर्श नौकरशाह वह व्यक्ति होता है जो कोई निर्णय नहीं लेता और सभी तरह की जिम्मेदारी से बच जाता है। *–ब्रूक्स एटकिंसन*

9. कोई तीसरा व्यक्ति आपका भाग्य तय करता है–यही नौकरशाही का सार है। *–कोलोंताई एलेक्जेंड्रा*

10. केवल एक चीज जो हमें नौकरशाही से बचाती है और वह है–अयोग्यता। एक कुशल नौकरशाही स्वतंत्रता के लिए सबसे बड़ा खतरा है। *–यूजीन मैकार्थी*

11. नौकरशाही और सामाजिक समरसता एक-दूसरे के व्युत्क्रमानुपाती हैं।
-लियोन ट्रॉट्स्की

12. नौकरशाही, जहाँ किसी एक का राज नहीं होता, निरंकुशता का आधुनिक रूप बन चुकी है। *-मैरी मैकार्थी*

13. नौकरशाहों के लिए दिशा निर्देश: 1. जब प्रभारी हों, विवेचन करें। 2. जब मुश्किल में हों तो प्रतिनिधित्व करें। 3. जब संदेह हो तो धीमे बोलें। *-जेम्स बोरेन*

14. वह रोग जो नौकरशाही को प्रभावित करता है और जिससे आमतौर पर यह समाप्त होती है वह नियमित है। *-जॉन स्टुअर्ट मिल*

15. नौकरशाहों का अपरिहार्य दोष है कि वे परिणामों की अपेक्षा नियमों की अधिक परवाह करते हैं। *-वाल्टर बेजोट*

16. कागजी कार्रवाई नौकरशाही का जहरीला तरल है जो वहाँ भी जीवन की उपस्थिति बनाए रखता है जहाँ कोई मौजूद नहीं है। *-राबर्ट एच. मेल्टजर*

17. गुणात्मक दृष्टिकोण से नौकरशाही न केवल सरकार के अधीन होती है बल्कि परिमाणात्मक दृष्टि से सरकार से ऊपर होती है। *-वाल्टर बेजोट*

8

व्यापार

1. पोकर की तरह व्यवसाय में भी सफलता का रहस्य यह जानने में है कि रोजमर्रा के खतरों से कैसे निबटें और अवसर का लाभ कैसे उठाएँ। ***–लू क्रेगर***

2. कोई भी राष्ट्र कभी भी व्यापार से तबाह नहीं हुआ। ***–बेंजामिन फ्रैंकलिन***

3. जब से मैंने अपना व्यवसाय गँवाया है, मैं दूसरों के व्यवसाय में उनकी मदद करता हूँ। ***–होरेस***

4. किसी ने भी कभी अपनी मृत्युशैया पर यह नहीं कहा, "काश मैंने अपना ज्यादातर समय व्यवसाय में बिताया होता।" ***–पॉल ई. सोंगास***

5. व्यवसाय को आनंददायक बनाना और आनंद को व्यवसाय बनाना मेरी जिंदगी का राज़ है। ***–आरोन बर्र***

6. व्यापार/कारोबार में पूछे जाने वाला एक सामान्य प्रश्न है–क्यों? यह एक अच्छा प्रश्न है, लेकिन क्यों नहीं? यह प्रश्न भी उतना ही वाजिब है। ***–जेफ बेजोस***

7. एक व्यवसाय जिसमें पैसे के अलावा कुछ नहीं कमाया जाता, अधम व्यवसाय होता है। ***–हेनरी फोर्ड***

8. व्यक्ति व्यवसाय के लिए स्वयं को इतना उचित बनाने की कोशिश करता है कि जाँचना ही भूल जाता है कि क्या व्यापार उसके स्वयं के लिए उपयुक्त है। ***–जॉर्ज सेविले***

9. जो व्यक्ति कल के तरीकों को आज के व्यवसाय हेतु इस्तेमाल करता है, वह भविष्य में व्यापार क्षेत्र में टिका नहीं रह पाएगा। ***–इवान एसार***

10. जनाब! व्यापार में कोई किसी का दोस्त नहीं होता, सिर्फ व्यापारिक संपर्क होते हैं। ***–अलेक्जेंड्रे डुमास***

11. एक व्यवसाय में लाभ मानव शरीर के भोजन की तरह होता है; शरीर का बढ़ना और विकसित होना जरूरी है। ***–डब्ल्यू.सी.एफ. हार्टले***

12. मुझे अपने काम से ऊब होती है इसलिए मैं दूसरों के काम पर ध्यान देता हूँ। ***–ऑस्कर वाइल्ड***

9

जाति

1. जाति केवल श्रम का नहीं, श्रमिकों का विभाजन भी है। ***–बी.आर. अंबेडकर***

2. खून की कोई जाति नहीं होती। ***–एडविन अर्नोल्ड***

3. मैं न बालक हूँ, न जवान, न बूढ़ा; और न ही किसी जाति का। ***–गुरु नानक***

4. अब न मेरी कोई जाति है, न कोई पंथ, और अब तो मैं वह भी नहीं जिसमें 'मैं' (अहंकार) हो! ***–कबीर***

5. मुझ में नस्ल के लिए कोई पूर्वाग्रह नहीं है, और मुझे लगता है कि मुझमें रंग, जाति या पंथ के लिए भी कोई पूर्वाग्रह नहीं है। वाकई, मुझे अपने ऊपर विश्वास है। मैं किसी भी समाज में रह सकता हूँ। मेरे लिए इतना ही जानना काफी है कि कोई भी मनुष्य सच्चे अर्थों में मनुष्य हो, उससे कम नहीं। ***–मार्क ट्वेन***

6. आप स्वतंत्र हैं; आप अपने मंदिरों में जाने के लिए स्वतंत्र हैं। आप अपनी मस्जिदों या पाकिस्तान में किसी अन्य पूजा-स्थल पर जाने के लिए भी स्वतंत्र हैं। आप किसी भी धर्म, जाति या पंथ के हो सकते हैं, पाकिस्तान की सरकार को इससे कोई लेना-देना नहीं है। ***–मुहम्मद अली जिन्ना***

7. जाति व्यवस्था वेदांत धर्म के विरुद्ध है। जाति एक सामाजिक कुप्रथा है, और हमारे सभी महान धर्मोपदेशकों ने इसे समाप्त करने का प्रयास किया है। ***–स्वामी विवेकानंद***

8. कुर्सी (पद) की कोई जाति नहीं होती। ***–विक्टर ह्यूगो***

9. जाति व्यवस्था, अपने विभिन्न रूपों में, पहचानी जाने योग्य शारीरिक विशेषताओं पर आधारित होती है जैसे-लिंग, रंग, उम्र। ***–रॉक्सैन डनबर ऑर्टिज***

10. आप जाति की नींव पर कुछ भी अच्छा निर्मित नहीं कर सकते, न ही आप राष्ट्र का निर्माण कर सकते हैं और न ही नैतिकता का। ***–बी.आर. अंबेडकर***

10

पूँजीवाद

1. पूँजीवाद स्व-हित और आत्म-सम्मान पर आधारित है। इसमें सत्यनिष्ठा और विश्वसनीयता जैसे प्रमुख गुणों की अपेक्षा होती है और इन्हीं गुणों के आधार पर बाजार में साख बनती है, इस प्रकार ऐसे व्यक्ति की उसके गुणों के आधार पर माँग बनी रहती है। *-एलन ग्रीनस्पैन*

2. अगर पूँजीवादी समाज की ताकतों को अनियंत्रित छोड़ दिया जाए तो अमीर और अमीर एवं गरीब और गरीब होता जाएगा। *-जवाहर लाल नेहरू*

3. पूँजी में बुराई नहीं है, इसके गलत उपयोग में बुराई है। पूँजी की किसी-न-किसी रूप में जरूरत हमेशा रहेगी। *-महात्मा गाँधी*

4. पूँजीवादी समाज में हमेशा आजादी बनी रहती है लगभग वैसे ही जैसे प्राचीन यूनानी गणतंत्र में थी-दास-मालिकों की स्वतंत्रता। *-व्लादिमीर लेनिन*

5. पूँजीवाद का अंतर्निहित दोष सुखों का असमान बँटवारा और समाजवाद का अंतर्निहित गुण दु:खों का समान बँटवारा है। *-विंस्टन चर्चिल*

6. पूँजीवाद के परिणामस्वरूप मनुष्य का भौतिक कल्याण हुआ है लेकिन उसमें आध्यात्मिक दिवालियापन आ गया है। *-जेफरी यूजेनाइड्स*

7. इतिहास गवाह है कि पूँजीवाद राजनीतिक स्वतंत्रता की आवश्यक शर्त है किन्तु स्पष्ट रूप से यह उचित परिस्थिति नहीं है। *-मिल्टन फ्रीडमैन*

8. यदि साम्राज्यवाद की संक्षिप्त परिभाषा देना संभव हो तो यह कहा जा सकता है कि साम्राज्यवाद पूँजीवाद का एकाधिकार युक्त चरण है। *-व्लादिमीर लेनिन*

9. पूँजीवाद ने लोगों को निर्माण, उत्पादन और व्यापार हेतु प्रोत्साहित किया है; और इस प्रकार समृद्धि को जन्म दिया है। *-जोहान नॉरबर्ग*

10. पूँजीवाद के तहत मनुष्य, मनुष्य का शोषण करता है। जबकि साम्यवाद इसके ठीक विपरीत है। ***–जॉन केनेथ गैलब्रेथ***

11. पूँजीवाद बहुत-से कार्य कुशलता से करता है-उद्यमशीलता की भावना पैदा करने में मदद करता है; लोगों को नए विचारों के साथ आगे आने के लिए प्रेरित करता है, और यह तो अच्छी बात है। ***–बर्नी सैंडर्स***

12. समाजवाद कहता है कि आपका मुझ पर ऋण है इसलिए मेरा अस्तित्व है। इसके विपरीत पूँजीवाद एक प्रकार की मजबूर परोपकारिता है-मैं आपकी मदद नहीं करना चाहता, मुझे आप नापसंद हैं लेकिन अगर मैं आपको अपना उत्पाद या उससे संबंधित सेवाएँ न दूँ तो मुझे भूखों मरना पड़ेगा। जबरदस्ती के पुनर्वितरण से स्वैच्छिक आदान-प्रदान अधिक नैतिक है। ***–बेन शापिरो***

11

भ्रष्टाचार

1. आपकी सोच में जो कमी है वह यह है कि आप ऐसा सोचते हैं कि भ्रष्ट हुए बिना भ्रष्ट समाज में रहा जा सकता है। ***–जॉर्ज ऑरवेल***

2. राजनेताओं के बजाय बंदरों को देश का शासन चलाने दो; कम–से–कम वे केवल केले ही चुराएँगे। ***–मेहमत मूरत इल्दान***

3. संवैधानिक स्वतंत्रता का सबसे अपरिहार्य लक्षण भ्रष्टाचार है। ***–एडवर्ड गिबन***

4. आज भ्रष्टाचार दुनिया की सबसे बुरी बीमारी है, लेकिन इसका इलाज है – पारदर्शिता। ***–बोनो***

5. धर्म शांति और सुशासन की आधारशिला है। ***–कन्फ्यूशियस***

6. वह जो सारी मानवजाति पर भ्रष्टाचार का आरोप लगाता है, याद रखे कि वह केवल एक को ही दोषी ठहराएगा। ***–एडमंड बर्क***

7. कुछ पुरुषों में सबसे ऊँची बोली लगाने वाले को सहन करने का अद्‌भुत गुण होता है। ***–जॉर्ज वाशिंगटन***

8. विकासशील दुनिया में भ्रष्टाचार एक सार्वजनिक शत्रु है। वह हर एक डॉलर जो एक भ्रष्ट अधिकारी या व्यापारी अपनी जेब में डालता है, वह उस गर्भवती महिला का हक होता है जिसे मुफ्त चिकित्सा की आवश्यकता है; या उस लड़के या लड़की का जिसे शिक्षा की आवश्यकता है या उस समाज का जिसे पानी, सड़क और स्कूल चाहिए। हर एक डॉलर महत्त्वपूर्ण है अगर हम 2030 तक गरीबी का अंत कर साझा समृद्धि को बढ़ाना चाहते हैं।

–जिम योंग किम, अध्यक्ष, विश्व बैंक समूह

9. आरोप-प्रत्यारोप लगाने वाले व्यक्ति अक्सर समाज की भलाई के लिए अनिवार्य होते हैं लेकिन केवल तब जब उन्हें पता हो कि उन आरोपों का अंत कब करना है। ***-थियोडोर रूजवेल्ट***

10. ईमानदारी, पारदर्शिता और भ्रष्टाचार के विरुद्ध लड़ाई को संस्कृति का हिस्सा होना चाहिए। उन्हें मौलिक मूल्यों के रूप में पढ़ाया जाना चाहिए। ***-एंजेल गुरिआ***

11. भ्रष्टाचार पनपने की असली वजह लोगों की उदासीनता है। ***-डेलिया फरेरा***

12. भ्रष्टाचार का परिणाम गरीबों को भुगतना पड़ता है। ***-पोप फ्रांसिस***

13. लोगों में इस बात की जागरूकता होनी चाहिए कि वे भ्रष्ट प्रणाली को बदल सकते हैं। ***-पीटर आइगन***

14. भ्रष्टाचार एक कैंसर है, एक ऐसा कैंसर जो एक आम नागरिक का लोकतंत्र में विश्वास खत्म कर नवाचार और रचनात्मकता के लिए उसकी स्वाभाविक वृत्ति को धुँधला करता है। ***-जो बाइडेन***

15. जहाँ कहीं भी शक्ति, लोभ और धन होगा, वहाँ भ्रष्टाचार होगा। ***-केन पोयरोट***

16. यदि आप संघीय सरकार को सहारा रेगिस्तान का प्रभारी बनाते हैं तो अगले 5 साल में रेत की कमी हो जायेगी। ***-मिल्टन फ्रीडमैन***

12

साम्यवाद

1. साम्यवाद इसीलिए काम नहीं करता क्योंकि लोगों को चीजें जमा करना अच्छा लगता है। ***-फ्रैंक जप्पा***

2. साम्यवाद किसी भी व्यक्ति को श्रम की उचित फल प्राप्ति से वंचित नहीं करता। यह केवल एकमात्र वस्तु से वंचित करता है और वह है-अपने श्रम से दूसरों को गुलाम बनाना। ***-कार्ल मार्क्स***

3. जब मैं गरीबों को भोजन देता हूँ, तो वे मुझे संत कहते हैं। जब मैं पूछता हूँ कि गरीब भूखे क्यों हैं, तो वे मुझे साम्यवादी कहते हैं। ***-हेल्डर कैमरा***

4. साम्यवादी सिद्धांत को संक्षेप में इस प्रकार समझा जा सकता है-निजी संपत्ति की प्रवृत्ति का उन्मूलन। ***-काल मार्क्स***

5. कुछ अच्छे प्रश्नों के लिए 'साम्यवाद' दोषपूर्ण उत्तर था। बुरे उत्तरों से छुटकारा पाने के लिए हम अच्छे प्रश्नों को भी भूल गए हैं। मैं उन प्रश्नों को दुबारा सबके समक्ष रखना चाहता हूँ। ***-टोनी जड***

6. साम्यवाद प्रेम नहीं बल्कि एक हथौड़ा है, जिसका इस्तेमाल हम दुश्मन को कुचलने के लिए करते हैं। ***-माओ जेदोंग***

7. साम्यवाद की सबसे बड़ी कमजोरी मनुष्य से वह गुण छीन लेना है जो उसे मनुष्य बनाता है। ***-मार्टिन लूथर किंग जूनियर***

8. साम्यवाद निषेधाज्ञा की तरह है जो विचार तो अच्छा है पर व्यावहारिक स्तर पर काम नहीं करेगा। ***-विल रोजर्स***

9. 'संपत्ति संचय' बलवान द्वारा कमजोर का शोषण है जबकि 'साम्यवाद' कमजोरों द्वारा ताकतवरों का शोषण। ***पियरे-जोसेफ प्राउडन***

10. जब सब कुछ सबका होता है तो कोई भी किसी बात के लिए जिम्मेदार नहीं होता। ***-आंद्रे गिदे***

13

करुणा

1. जब तक मनुष्य अपनी करुणा और सहानुभूति के चक्र में सभी जीवित प्राणियों को शामिल नहीं करता, तब तक मनुष्य को स्वयं शांति नहीं मिलेगी।

   –अल्बर्ट श्वित्जर

2. सहानुभूति करने पर हमें दूसरों के दुःख में अपने दुःख और दुर्भाग्य का आभास होता है।

   –एल. एम. स्ट्रेच

3. करुणा आत्मा का विष समाप्त करती है। जहाँ करुणा होती है, वहाँ सबसे जहरीले आवेग भी हानिरहित रहते हैं।

   –एरिक हॉफर

4. मनुष्य पुलों के बजाय दीवारें अधिक बनाते हैं।

   –जोसेफ फोर्ट न्यूटन

5. सहानुभूति से वजनदार कुछ भी नहीं। स्वयं के दर्द का आभास उतना भारी नहीं जितना किसी और के दुःख की कल्पना करना और उसे हृदय से समझना, जो लम्बे समय तक आपको दूख की अनुगूँज देता है।

   –मिलन कुंदरा

6. नीच लोगों में करुणा नहीं होती। वे दया तभी दिखाते हैं जब कर्तव्य निभाने का उनका उसूल प्रबल हो।

   –सैमुअल जॉनसन

7. मैं दयालु रहकर गलतियाँ करना पसंद करूँगी बजाय निर्दयी और कठोर बनकर अपने काम से अचंभित करने के।

   –मदर टेरेसा

8. परिवार करुणा की पाठशाला है क्योंकि यहीं पर हम दूसरे लोगों के साथ रहना सीखते हैं।

   –कैरेन आर्मस्ट्रांग

9. करुणा मानवीयता के अस्तित्व का मुख्य नियम है।

   –फ्योदोर दोस्तोएव्स्की

10. यदि आप चाहते हैं कि दूसरे खुश रहें, तो करुणा का व्यावहारिकता में सतत अभ्यास करें। यदि आप खुश रहना चाहते हैं तो भी करुणा को ही अपनाएँ।

    –दलाई लामा

14

चाणक्य

1. फूलों की महक केवल हवा की दिशा में ही फैलती है लेकिन इंसान की अच्छाई सभी दिशाओं में फैलती है। *–चाणक्य*

2. व्यक्ति को ज्यादा ईमानदार भी नहीं होना चाहिए क्योंकि सीधे पेड़ पहले काटे जाते हैं और ईमानदार लोगों को अधिक सताया जाता है। *–चाणक्य*

3. साँप जहरीला न भी हो तो भी उसे विषैला होने का दिखावा करना चाहिए। *–चाणक्य*

4. हर दोस्ती के पीछे कोई–न–कोई स्वार्थ होता है; स्वार्थ के बिना मित्रता नहीं होती। यही कड़वा सच है। *–चाणक्य*

5. एक बार जब आप कोई काम करना शुरू कर देते हैं, तो असफलता से डरकर काम छोड़ें नहीं क्योंकि वे लोग जो ईमानदारी से काम करते हैं, हमेशा प्रसन्न रहते हैं। *–चाणक्य*

6. न तो बीती बातों पर झल्लाएँ और न ही भविष्य के बारे में सोचकर चिंतित हों। विवेकवान व्यक्ति हमेशा वर्तमान में जीता है। *–चाणक्य*

7. व्यक्ति का कर्तव्य के निर्वहन में परीक्षण करें, कठिनाई में रिश्तेदार, विपत्ति में दोस्त, और बुरे समय में पत्नी। *–चाणक्य*

8. सबसे बड़ा गुरु–मंत्र: कभी भी अपना रहस्य किसी से मत कहो। यह आपको नष्ट कर देगा। *–चाणक्य*

9. मनुष्य जन्म से नहीं, कर्म से महान बनता है। *–चाणक्य*

10. शिक्षा सबसे अच्छी मित्र है। एक शिक्षित व्यक्ति का हर जगह सम्मान किया जाता है। सुंदरता और यौवन को कोई मात दे सकता है तो वह है शिक्षा। *–चाणक्य*

11. एक महिला का यौवन और सुंदरता दुनिया की सबसे बड़ी ताकत है।

-चाणक्य

12. यदि किसी का स्वभाव अच्छा है, तो उसे अन्य गुणों की क्या आवश्यकता और यदि किसी व्यक्ति के पास नाम व प्रसिद्धि है, तो उसके सामने अलंकारों (आभूषण) का क्या मोल? *-चाणक्य*

13. दूसरों की गलतियों से सीखें। सारी गलतियाँ खुद करके सीखना महँगा पड़ता है।

-चाणक्य

14. भगवान मूर्तियों में मौजूद नहीं है। आपकी भावनाएँ ही आपका ईश्वर हैं और आपकी आत्मा आपका मंदिर। *-चाणक्य*

15. कभी भी इस रहस्य को उद्‌घाटित न करें कि भविष्य में आप क्या कदम उठाएँगे। उस बात पर अमल होने तक उसे गुप्त रखने में ही भलाई है। *-चाणक्य*

16. जैसे ही आपको डर लगे, उस पर हमला करके उसे नष्ट कर दो। *-चाणक्य*

17. जो अपने परिजनों से अत्यधिक लगाव रखता है, उसे ही भय और दुःख का अनुभव होता है क्योंकि भय और दुःख की जड़ ही लगाव है। अतः प्रसन्नचित्त रहने के लिए लगाव का त्याग कर देना चाहिए। *-चाणक्य*

18. किताबें मूर्ख व्यक्ति के लिए भी उतनी उपयोगी हैं जितनी अंधे व्यक्ति के लिए दर्पण। *-चाणक्य*

19. एक अशिक्षित व्यक्ति का जीवन उसी प्रकार व्यर्थ है जिस प्रकार कुत्ते की पूँछ जो न तो अपने पिछले हिस्से को ढँकती है और न ही कीड़ों के काटने से बचाती है।

-चाणक्य

20. अगर किसी सूखे वृक्ष में आग लग जाए तो वह पूरा जंगल जला देता है, उसी प्रकार एक दुष्ट पुत्र पूरा परिवार नष्ट कर देता है। *-चाणक्य*

21. जो ज्ञान किताबों तक सीमित है और जो धन दूसरों के कब्जे में है, उनका कोई लाभ नहीं, क्योंकि दोनों ही आवश्यकता पड़ने पर काम नहीं आते। *-चाणक्य*

22. पहले पाँच वर्ष अपने बच्चों को बहुत प्रेम दें। अगले पाँच वर्ष जरूरत पड़ने पर डाँटें, और जब वे सोलह वर्ष के हो जाएँ, उनके साथ एक मित्र की तरह व्यवहार करें। युवा बच्चे आपके सबसे अच्छे मित्र होते हैं। *-चाणक्य*

23. किसी काम को शुरू करने से पहले हमेशा खुद से ये तीन प्रश्न पूछें–मैं यह क्यों कर रहा/कर रही हूँ? इसके क्या परिणाम हो सकते हैं और क्या मैं सफल होऊँगा/होऊँगी? गहराई से सोचने पर जब आपको इनके संतोषजनक उत्तर मिल जाएँ तब ही आगे बढ़कर वह कार्य करें। –***चाणक्य***

24. अपनी सामाजिक स्थिति या पद के ऊपर या नीचे के लोगों से दोस्ती न करें। ऐसी दोस्ती कभी भी प्रसन्नता नहीं देगी। –***चाणक्य***

15

परिवर्तन

1. विरोधाभास है लेकिन केवल विकास, सुधार और परिवर्तन में ही सच्ची सुरक्षा मिल सकती है। ***–ऐनी मोरो लिंडबर्ग***

2. प्रगतिशील समाज में परिवर्तन अपरिहार्य है। परिवर्तन सतत है। ***–बेंजामिन डिजरायली***

3. नश्वरता ब्रह्मांड का नियम है। ***–कारलीन हैचर पोलाइट***

4. जो साँप अपनी केंचुली नहीं उतार सकता उसे मरना होगा। उसी तरह जो लोग अपने विचार बदलने को तैयार नहीं, उनके मस्तिष्क को कार्यरत नहीं माना जा सकता। ***–फ्रेडरिक नीत्शे***

5. परिवर्तन के बिना प्रगति असंभव है, और वे जो अपने विचार नहीं बदल सकते, वे कुछ भी नहीं बदल सकते। ***–जॉर्ज बर्नार्ड शॉ***

6. चीजें नहीं बदलतीं, हम बदलते हैं। ***–हेनरी डेविड थॉरो***

7. परिवर्तन ही हमेशा स्थिर रहता है। ***–हेराक्लिटस***

8. परिवर्तन के अलावा सब कुछ बदलता है। ***–जॉन एफ. कैनेडी***

9. दुनिया बदलने की हर कोई सोचता है, पर कोई खुद को बदलने की नहीं सोचता। ***–लियो टॉल्स्टॉय***

10. आप स्वयं में वह बदलाव लाएँ जो आप दुनिया में देखना चाहते हैं। ***–महात्मा गाँधी***

11. सज्जनता से आप दुनिया को हिला सकते हैं। ***–महात्मा गाँधी***

12. जहाँ पुराने रूढ़िवादी विचारों को छोड़ दिया जाता है, वह देश चमत्कारिक रूप से स्वयं को प्रकट कर पाता है। ***–रवींद्रनाथ टैगोर***

13. जो परिवर्तन के दौरान सीखते हैं उन्हें भविष्य विरासत में मिलता है।

–एरिक हॉफर

ꕤ

16

स्थिरता

1. सभी मानवीय गुणों में सामंजस्य का गुण सबसे दुर्लभ है। *-जेरेमी बेंथम*

2. स्थिरता प्रकृति के विपरीत होती है, जीवन के विपरीत होती है। पूर्ण रूप से स्थिरता केवल मृत में ही पाई जाती है। *-एल्डस हक्सले*

3. अकल्पनीयता का अंतिम आश्रय स्थिरता है। *-ऑस्कर वाइल्ड*

4. सफलता का रहस्य उद्देश्य की निरंतरता है। *-बेंजामिन डिजरायली*

5. स्थिरता वैसे ही उद्यम की शत्रु है, जैसे समरूपता कला की दुश्मन है। *-बर्नार्ड शॉ*

6. छोटे-छोटे नियमों का प्रतिदिन निरंतरता से पालन किया जाए तो समय के साथ वे बड़ी उपलब्धियाँ हासिल करने का कारण बनते हैं। *-जॉन सी. मैक्सवेल*

7. संभावनाओं को जीवित रखने के लिए विचारों और ध्यान की निरंतरता बनाए रखना अत्यंत आवश्यक है *-स्टीवन रेडहेड*

17

रिवाज

1. पुराने रीति-रिवाजों में अक्सर एक गहरा अर्थ निहित होता है।
-फ्रेडरिक शिलर

2. बिना कारण के रीति-रिवाज केवल समाज की प्राचीन त्रुटियाँ हैं।
-थॉमस फुलर

3. रिवाज हमें हर चीज से मिलवाते हैं। *-एडमंड बर्क*

4. आदतें और रीति-रिवाज भय की प्रकृति के समर्थन हेतु तैयार किये गए साधन हैं, जिनकी आत्मा उन्मुक्तता से नहीं जी सकती। *-वर्जीनिया वुल्फ*

5. युवावस्था में सीखे गए रिवाज (आदतें) निश्चित ही उत्तम होते हैं; उन्हें हम शिक्षा कहते हैं। यह आदतें ही जीवन के लिए प्रभावकारी होती हैं। *-फ्रांसिस बेकन*

6. रिवाज अक्सर अपनी उत्पत्ति के समय की गई कल्पना से अधिक समय तक जीवित रहते हैं। *-थॉमस पेन*

7. एक मनुष्य के लिए रीति-रिवाज वे साँचे हैं जहाँ उसकी किस्मत ढाली जाती है।
-फ्रांसिस बेकन

8. बाहरी व्यवहार रीति-रिवाज के अनुसार होना चाहिए; अंदरूनी, जैसा आप चाहें।
-सेनेका

9. प्राचीन रिवाज प्रकृति से शक्ति प्राप्त करता है। *-सिसरो*

10. रीति-रिवाजों के सभी आयामों पर किए गए प्रश्न श्रेष्ठ मस्तिष्क के विकास का अपरिहार्य चरण हैं। *-राल्फ वाल्डो इमर्सन*

11. मनुष्यों के रिवाज और फैशन वैसे ही बदलते हैं जैसे टहनियों पर पत्तियाँ, कुछ आती हैं; कुछ जाती हैं। *-दांते अलीघीरी*

12. प्रेम का सबसे घातक दुश्मन रिवाज है। ***-एडवर्ड बुलवर-लिटन***

13. मैं इस बात में भेद नहीं कर सकता कि समय कब रिवाजों को कानूनी तौर पर वैधता प्रदान करेगा। ***-सी.जे. डलास***

14. किसी व्यक्ति के रीति-रिवाजों पर हमला करना उसकी नींव पर हमला करने के समान है। ***-फैबियन ब्योमुहांगी***

15. सामाजिक रीति-रिवाजों से बड़ा कोई अत्याचार नहीं। ***-एलिजाबेथ गौज***

16. रीति-रिवाज हमें जन्म से मिलते हैं और मृत्यु हो जाने पर ही हमें छोड़ते हैं। ***-रॉबर्ट जी. इंगरसोल***

17. लोग तर्क से अधिक रिवाजों के अनुसार काम करते हैं। ***-फैबरिया***

18. रिवाज मनुष्यों को क्रूरता की किसी भी सीमा तक ले जा सकते हैं और फैशन उन्हें किसी भी रिवाज को अपनाने को प्रेरित कर सकता है। ***-जॉर्ज बर्नार्ड शॉ***

19. मनुष्य रीति-रिवाज के वशीभूत होकर अनेक त्रुटियाँ करता है; लेकिन उनका औचित्य नहीं सिद्ध कर सकता। ***-हेनरी फील्डिंग***

20. जब कोई प्रथा वास्तव में अपना अस्तित्व साबित कर देती है, तो अगली जाँच इसकी वैधता की होती है; क्योंकि यदि वह एक अच्छी प्रथा नहीं है तो उसे इस्तेमाल नहीं किया जाना चाहिए। ***-विलियम ब्लैकस्टोन***

21. रिवाज कानूनों की तरह बुद्धिमत्ता की श्रेणी में तो नहीं आते किन्तु वे हमेशा कानूनों से अधिक लोकप्रिय होते हैं। ***-बेंजामिन डिजरायली***

18

संस्कृति

1. खुले विचारों और प्रगतिशील संस्कृतियों ने हमें गणित, साहित्य, दर्शन, सभ्यता और बहुत कुछ दिया, जबकि प्रतिबंधात्मक संस्कृतियों ने हमें अंधकार युग और सर्वनाश की ओर धकेला। *–एलन मूर*

2. संस्कृति सभी तरह की कलाओं, प्रेम और विचारों का योग है जो समय के साथ मनुष्य को इतना सक्षम बना देता है जिससे वह किसी का गुलाम न बने। *–आंद्रे मलरॉक्स*

3. संस्कृति वास्तविकता के प्रति हमारे विचारों को प्रभावित करती है। यह ऐसी मानसिक अवधारणाएँ उपलब्ध कराती है जिससे लोग उनके आसपास और दुनिया की घटनाओं का अनुभव, उनकी व्याख्या और विश्लेषण करते हैं। *–जेम्स जी. पीपल्स*

4. सभी संस्कृतियाँ हमेशा से आपस में घुली-मिली हैं। *–वी. एस. नायपॉल*

5. जो मीडिया को...छवियों को नियंत्रित करता है–वही संस्कृति को भी नियंत्रित करता है। *–एलन गिन्सबर्ग*

6. देश मानव संस्कृति का पालन–पोषण करने वाली जननी है। *–जोसेफ अलेक्जेंडर लीटन*

19

प्रतियोगिता

1. महान पुरुषों ने हमेशा औसत मानसिकता वाले लोगों के हिंसक विरोधों का सामना किया है।
–अल्बर्ट आइंस्टीन

2. अगर दुनिया में उन लोगों की संख्या अधिक होती जो दूसरों को दुखी देखने के बजाय स्वयं खुशियाँ पाने पर अधिक ध्यान देते तो कुछ ही वर्षों में हमें यह दुनिया स्वर्ग जैसी सुन्दर दिख रही होती।
–बर्ट्रेंड रसेल

3. बुद्धिमान व्यक्ति केवल स्वयं से प्रतियोगिता करने में विश्वास करता है।
–वाशिंगटन ऑलस्टन

4. कभी भी किसी ऐसे व्यक्ति से प्रतिस्पर्धा न करें जिसके पास खोने के लिए कुछ न हो।
–बाल्टसर ग्रेसियन

5. प्रतिस्पर्धा उत्पादों को सर्वश्रेष्ठ बनाती है और मनुष्यों को अधम।
–डेविड सरनॉफ

6. प्रतिस्पर्धा केवल उत्पीड़न का अभाव है।
–फ्रेडरिक बास्तियत

7. प्रतिस्पर्धा जीवन की शर्त है।
–लाइमन एबट

8. अपने दुश्मन से बार-बार नहीं लड़ना चाहिए, वरना आप उसे अपने सारे गुर सिखा देंगे।
–नेपोलियन बोनापार्ट

9. अगर आप किसी भी कार्य में किसी से भी स्पर्धा नहीं करते तभी आप सच्चे अर्थों में जीवन जी रहे हैं।
–नसीम निकोलस तालेब

10. जीवन प्रतिस्पर्धा नहीं है। किसी के जीतने के लिए, किसी का हारना जरूरी नहीं है। प्रकृति का आशीर्वाद सभी को मिलता है।
–डोना गोडार्ड

11. प्रतिस्पर्धा न केवल उपभोक्ता की सुरक्षा का आधार है; वह प्रगति के लिए प्रोत्साहन भी है।
–एर्बर्ट हूवर

20

अंतरात्मा की आवाज

1. अंतरात्मा के खिलाफ कभी भी कुछ न करें, भले ही देश इसकी माँग करता हो।
-अल्बर्ट आइंस्टीन

2. अंतरात्मा के मामले में, बहुमत की कोई जगह नहीं है। *-मार्टिन लूथर किंग*

3. एक समय आता है जब व्यक्ति को ऐसा निर्णय करना पड़ता है जो न तो उसे सुरक्षित रखता है, न ही लोकप्रिय बनाता है, और न ही वह राजनीतिक कदम होता है; लेकिन फिर भी उसे वह निर्णय लेना पड़ता है सिर्फ इसलिए क्योंकि अंतरात्मा की आवाज सुनना ही सही होता है। *-मार्टिन लूथर किंग*

4. कोई गवाह इतना भयावह नहीं और न कोई आरोप लगाने वाला इतना शक्तिशाली जितना हमारी अंतरात्मा में बैठा हमारा विवेक है। *-सोफोक्लीज*

5. अंतरात्मा मनुष्य का दिशा-सूचक यंत्र है। *-विंसेंट वान गॉग*

6. विवेक हम सभी को कायर बनाता है। *-विलियम शेक्सपियर*

7. अंतरात्मा आवश्यकता से अधिक लम्बे समय तक खामोश रहती है, इसलिए कानून बनाए गए। *-जोस सारामागो*

8. विवेक हमारी आत्मा की आवाज है जो हमें चेतावनी देती है कि कोई देख रहा है। *-एच.एल. मेनकेन*

9. कोई गवाह या कोई आरोप लगाने वाला इतना खतरनाक नहीं, जितना मनुष्य के अंदर बैठा विवेक। *-पॉलीबियस*

10. मनुष्य जीवन की सिर्फ एक अच्छाई है और वह है अंतरात्मा के आदेशानुसार कार्य करना। *-सिमोन दी बुआ*

11. एक चीज जो बहुमत के नियम का पालन नहीं करती, वह है-व्यक्ति का विवेक।
-हार्पर ली

21

साहस

1. सर्दियों की गहराई में, आखिरकार मैंने यह जान लिया कि मुझमें अजेयता की गर्मी (ऊष्मा) विद्यमान है। *–अल्बेयर कामू*

2. वह जो हमें मारता नहीं, मजबूत बनाता है। *–फ्रेडरिक नीत्शे*

3. यह बहुत हैरानी की बात है कि दुनिया में शारीरिक साहस बहुत आम और नैतिक साहस बहुत दुर्लभ है। *–मार्क ट्वेन*

4. साहस सबसे महत्त्वपूर्ण गुण है, क्योंकि इसके बिना बाकी सद्गुणों को व्यवहार में नहीं लाया जा सकता। *–माया एंजेलो*

5. ब्रह्मांड में जो कुछ है, वह सब आपके भीतर है। इसलिए स्वयं में ही ढूँढ़ें। *–मौलाना जलाल-अल-दीन रूमी*

6. दूसरों की कहानियाँ सुनकर संतुष्ट न हों; अपनी कहानियां स्वयं बनाएँ। *–रूमी*

7. अपनी सुरक्षा भूल जाओ। वहाँ रहो जहाँ रहने से डर लगता है। अपनी प्रतिष्ठा नष्ट कर दो; कुख्यात हो जाओ। *–रूमी*

8. साहस आत्मा की स्थायी सेना है जो इसे विजय, लूट और गुलामी से बचाता है। *–हेनरी वैन डाइक*

9. अपने डर को अपने तक ही सीमित रखें, लेकिन साहस को दूसरों के साथ साझा करें। *–रॉबर्ट लुई स्टीवेन्सन*

10. अक्सर साहस की परीक्षा मरकर नहीं बल्कि जी कर होती है। *–विटोरियो अल्फिएरे*

11. साहस भय का प्रतिरोध है, भय पर नियंत्रण है–भय का अभाव नहीं।

–मार्क ट्वेन

12. बहादुर वह नहीं है जो डरता नहीं है, बल्कि वह है जो उस भय पर विजय प्राप्त करता है।

–नेल्सन मंडेला

13. मनुष्य नए रहस्यों की खोज तब तक नहीं कर सकता जब तक किनारे उसकी दृष्टि से ओझल न हो जाएँ।

–आंद्रे गिदे

14. पृथ्वी पर साहस की सबसे बड़ी परीक्षा है–बिना दिल छोटा किए हार स्वीकारना।

–रॉबर्ट जी. इंगरसोल

15. वह आदमी जो कभी खतरे में नहीं रहा वह साहसी होने का दावा नहीं कर सकता।

–फ्रांकोइस डी ला रोशेफोकॉल्ड

22

चरित्र

1. लगभग सभी मनुष्य विपरीत परिस्थितियों का सामना कर सकते हैं, लेकिन यदि आप किसी के चरित्र का परीक्षण करना चाहते हैं, तो उसे अधिकार और शक्तियाँ दें। *-अब्राहम लिंकन*

2. हमेशा सही का साथ दें। हालाँकि तुम्हारा ऐसा करना कुछ लोगों को संतुष्ट करेगा और बाकियों को हैरान। *-मार्क ट्वेन*

3. समाज की महानतम आशा व्यक्तिगत चरित्र है। *-विलियम एलेरी चैनिंग*

4. आप किसी व्यक्ति के चरित्र को इस आधार पर आसानी से आँक सकते हैं कि वह उन लोगों के साथ कैसा व्यवहार करता है जो उसके लिए कुछ नहीं कर सकते। *-मैल्कम फोर्ब्स*

5. ज्ञान आपको शक्ति देगा, लेकिन चरित्र मान-सम्मान। *-ब्रूस ली*

6. हमारा चरित्र हमारे आचरण का परिणाम होता है। *-अरस्तु*

7. शब्द नहीं कर्म, चरित्र की परीक्षा और प्रमाण देते हैं। *-विलियम आर्चर*

8. एक सम्मानित व्यक्ति की सभी संपत्तियों में चरित्र से बेशकीमती कुछ नहीं। *-हेनरी क्ले*

9. किताबों और जीवन में, किसी के भी चरित्र को समझने के लिए कई पन्ने पढ़ने पड़ते हैं। *-गेल कार्सन लेविन*

10. शराब और ठंडी चाय की तरह चरित्र भी अपने आस-पास के वातावरण से आकार ग्रहण करता है। *-ऑस्टिन ओ'माली*

11. किसी की भी प्रतिभा का आकलन तब करें जब वह सबसे उत्तम रूप में प्रस्तुत हो और चरित्र का सबसे कठिन समय में। ***–लॉर्ड एक्टन***

12. कोई भी मनुष्य इस बात से अपने चरित्र की पहचान देता है कि वह किस बात पर हँसता है। ***–जोहान वोल्फगैंग वॉन गोएथे***

13. चरित्र एक पेड़ की तरह है और प्रतिष्ठा उसकी छाया। छाया वह है जिसके बारे में हम सोचते हैं जबकि पेड़ वास्तविकता। ***–अब्राहम लिंकन***

14. सबसे बड़ी वास्तुकला चरित्र–निर्माण है। ***–लुईस एफ. कॉर्न्स***

15. मनुष्य की कीमत पहचानने की वास्तविक कसौटी चरित्र है। ***–एलेनोर रूजवेल्ट***

16. चरित्र और कुछ नहीं, केवल कुछ आदतों का लंबे समय तक अभ्यास है। ***–प्लूटार्क***

17. परिस्थितियों का कोई भी परिवर्तन चरित्र दोष की मरम्मत नहीं कर सकता। ***–राल्फ वाल्डो इमर्सन***

18. हमारा चरित्र हमारे आचरण का परिणाम है। ***–अरस्तु***

19. चरित्र कृत्रिम भी हो सकते हैं, लेकिन वास्तविक चरित्र बहुत दिनों तक छुपा नहीं रह सकता। ***–सैमुअल स्माइल्स***

20. चरित्र का सबसे अच्छा प्रमाण आचरण है। ***–अज्ञात***

21. तुम मुझे अपनी संगति के बारे में बताओ और फिर मैं तुम्हें बताऊँगा कि तुम क्या हो। ***–सर्वांनटीज***

23

बच्चे

1. आइए हम आज की कुर्बानी दें ताकि हमारे बच्चों को अच्छा 'कल' मिल सके।
–ए. पी. जे. अब्दुल कलाम

2. ये दुनिया अक्सर बच्चों को ही मायूस कर देती है जिन्हें बड़े होकर दुनिया को बचाने की कोशिश करनी है।
–फ्रैंक वारेन

3. यह नियम बना लें कि वह किताब किसी बच्चे को आप कभी भी न दें जो आप खुद नहीं पढ़ेंगे।
–जॉर्ज बर्नार्ड शॉ

4. बच्चे दुनिया के सबसे मूल्यवान संसाधन हैं और भविष्य की सबसे बेहतर आशा।
–जॉन एफ. कैनेडी

5. अगर हम विश्व में वास्तविक शांति लाना चाहते हैं, तो शुरुआत बच्चों से करनी होगी।
–महात्मा गाँधी

6. बच्चों को सिखाया जाना चाहिए कि 'कैसे सोचना है', न कि 'क्या सोचना' है।
–मार्गरेट मीड

7. किसी भी समाज की आत्मा का खुलासा करना चाहते हो तो यह देखो कि वह समाज अपने बच्चों के साथ कैसा व्यवहार करता है।
–मंडेला

8. बच्चे बगीचे की कलियों की तरह होते हैं जिन्हें सावधानी और प्यार से पाला जाना चाहिए क्योंकि वे ही देश का भविष्य और कल के नागरिक हैं।
–पं. जवाहर लाल नेहरू

9. बच्चा मनुष्य का पिता होता है।
–विलियम वर्ड्सवर्थ

10. बच्चों के खेल शायद ही कभी खेल होते हैं, क्योंकि जब वे खेलते हैं तो उससे ज्यादा गंभीर वे कभी नहीं होते।
–मोंटेग्ने

11. हर बच्चे में सब कुछ करने की क्षमता होती है। ***-डोरिस लेसिंग***

12. हर जन्म लेने वाला बच्चा यह संदेश लेकर आता है कि ईश्वर अभी तक मनुष्य से निराश नहीं हुए हैं। ***-रवींद्रनाथ टैगोर***

13. बच्चों के साथ रहने से आत्मा स्वस्थ होती है। ***-फ्योदोर दोस्तोएव्स्की***

14. किसी भी समुदाय के बच्चों को दूध पिलाने से बेहतर कोई निवेश नहीं है ***-विंस्टन चर्चिल***

15. वृद्ध युद्ध कर सकते हैं लेकिन बच्चे इतिहास रचते हैं। ***-रे मेरिटो***

16. बच्चों के प्रति पहला कर्तव्य उन्हें खुश रखना है। यदि आपने ऐसा नहीं किया है तो आपने उनके साथ अन्याय किया है। कोई भी दूसरा अच्छा कार्य उसकी भरपाई नहीं कर सकता। ***-चार्ल्स बक्सटन***

৫৩৪০

24

संविधान

1. यदि हमारा संविधान विफल हो जाता है, तो ऐसा इसलिए नहीं कि यह एक खराब संविधान है बल्कि इसलिए क्योंकि हमारे पदाधिकारियों ने इसे विफल बना दिया है। *–बी.आर. अंबेडकर*

2. संविधान हमारी रक्षा तब तक नहीं कर सकता जब तक हम संविधान की रक्षा न करें। *–थॉमस सोवेल*

3. संविधान का उद्देश्य उस बहुमत को प्रतिबंधित करना है जो अल्पसंख्यकों को हानि पहुँचाने की क्षमता रखता है। *–जेम्स मैडिसन*

4. संविधान लोगों को केवल खुशी पाने का अधिकार देता है लेकिन उस खुशी को हासिल आपको ही करना होगा। *–बेंजामिन फ्रैंकलिन*

5. संविधान में किसी भी चीज में हस्तक्षेप न करें। इसे बनाए रखा जाना चाहिए क्योंकि यही एकमात्र साधन है जो हमारी स्वतंत्रता की रक्षा कर सकता है। *–अब्राहम लिंकन*

6. एक संविधान जो सभी राष्ट्रों के लिए बना है, किसी के लिए भी नहीं बना। *–जोसेफ डी मैस्त्रे*

7. हमारे संविधान निर्माताओं का उद्देश्य था कि हमें धार्मिक स्वतंत्रता प्राप्त हो, धर्म से स्वतंत्रता से नहीं। *–बिली ग्राहम*

8. ब्रह्मांड का संविधान पूर्णत: प्राकृतिक है। जिसे विज्ञान की दृष्टि से हम 'प्राकृतिक नियम' कहते हैं, और धार्मिक दृष्टि से 'ईश्वर की इच्छा'। यह दोनों एक ही हैं। *–महर्षि महेश योगी*

9. हमारा संघीय संविधान आधुनिक भारत की कल्पना को अपने में समेटे है; वह केवल भारत को ही परिभाषित नहीं करता बल्कि आधुनिकता को भी परिभाषित करता है। *–प्रणब मुखर्जी*

10. अधिकतर छात्रों को संविधान से ज्यादा 'पॉप' संस्कृति का ज्ञान है।

–चार्ल्स बोवेन

25

कूटनीति

1. कूटनीति बैंकिंग व्यवसाय की तरह है; इसमें सद्भावना जमा की जाती है ताकि आवश्यकता पड़ने पर उसका उपयोग किया जा सके। *–हेंग ची चान*

2. लेने और देने का सिद्धांत कूटनीति है–एक दो और दस लो। *–मार्क ट्वेन*

3. सारी कूटनीति दूसरे तरीके से युद्ध की निरंतरता ही है। *–झोउ एनलाई*

4. राजदूत एक ऐसा ईमानदार व्यक्ति होता है जो देश की भलाई के लिए दूसरे देश में झूठ बोलने के लिए भेजा जाता है। *–सर हेनरी वॉटन*

5. कूटनीति मखमली दस्ताना है जो सत्ता रूपी मुट्ठी को ढँक लेता है। *–रॉबिन हॉब*

6. कूटनीति किसी अन्य को भाड़ में जाने को कहने की ऐसी कला है कि मनुष्य वहाँ वाकई जाना चाहेगा। *–जोनी वेक्स्लर*

7. कूटनीति किसी अन्य से अपने तरीके से काम करवाने की कला है। *–अमेरिकी कहावत*

8. कूटनीति, किसी अन्य देश से झूठ बोलने की देशभक्ति संबंधी कला है। *–एम्ब्रोस बियर्स*

9. आप शक्ति से सब जीत तो लेते हैं; पर ऐसी जीत बहुत अल्पकालिक होती है। *–अब्राहम लिंकन*

10. स्वयं को किसी चीज के लिए प्रतिबद्ध करने से पहले यह देखो कि हवा किस तरफ की है। *–ईसप*

11. आप जानते हैं आकर्षण क्या है ? बिना कोई स्पष्ट प्रश्न पूछे 'हाँ' में उत्तर पाना। *–अल्बेयर कामू*

12. चातुर्य बिना दुश्मन बनाए अपनी बात कहने की कला है।

-आइजाक न्यूटन

13. अपने शत्रुओं से कभी घृणा न करें। यह आपके निर्णय को प्रभावित करता है।

-मारियो पूजो

14. युद्ध की सर्वोच्च कला है-बिना लड़े शत्रु को वश में करना। ***-सन त्जु***

15. अगर आपको किसी से कुछ चाहिए तो दूसरे व्यक्ति को ऐसा मौका दें कि वह स्वयं उसे तुम्हें लाकर दे। ***-सू मॉन्क किड***

16. जिंदगी में हमेशा आगे बढ़ोगे, अगर प्रेम से बोलो, लेकिन हाथ में छड़ी रखो।

-थियोडोर रूजवेल्ट

17. एक राजनयिक यदि 'हाँ' कहता है, तो उसका अर्थ है 'शायद'; एक राजनयिक यदि 'शायद' कहता है तो उसका अर्थ 'नहीं' भी हो सकता है लेकिन अगर कोई राजदूत 'नहीं' कहता है तो वह राजदूत नहीं है। ***-टेलीरैंड***

ᥐ

26

कर्तव्य

1. बुराई का असहयोग उतना ही बड़ा कर्तव्य है जितना कि अच्छाई के साथ सहयोग। ***–मार्टिन लूथर किंग***

2. उफ! कितनी मुश्किल होती है जब प्रेम और कर्तव्य टकराते हैं। ***–अल्फ्रेड, लॉर्ड टेनीसन***

3. हर अधिकार के साथ कर्तव्य भी होता है। ***–मोहनदास कर्मचंद गाँधी***

4. किसी भी कर्तव्य के निर्वहन का इनाम एक और कर्तव्य निभाने की जिम्मेदारी होते है। ***–जॉर्ज इलियट***

5. जैसे बन पड़े अपना कर्तव्य निभाइए; परिणामों पर लानत भेजिए। ***–जॉर्ज एस. पैटन***

6. मानवीय सुख और नैतिक कर्तव्य एक–दूसरे से अविभाज्य रूप से जुड़े हुए हैं। ***–जॉर्ज वाशिंगटन***

7. सभी कर्तव्यों में हम खुश होने के कर्तव्य को सबसे कम आँकते हैं। ***–रॉबर्ट लुई स्टीवेन्सन***

8. प्रेम तभी तक फल–फूल सकता है जब तक वह स्वतंत्र, सहज और स्वत:स्फूर्त है; कर्तव्य के विचार से वह नष्ट हो जाता है। ***–बर्ट्रेंड रसेल***

9. कर्तव्यपरायण, आज नहीं तो कल, अपनी कब्र स्वयं खोदते हैं। ***–के. जे. पार्कर***

10. आपके पास कर्तव्य और हृदय है। एक को चुनना यानि दूसरे को भुगतना होगा। ***–तोमी अदेयमी***

11. अमीरों पर कोई कर्तव्य भार नहीं डाला जाता। ***–यूजीन एडिन पोटियर***

27

लोकतंत्र

1. मतदान बंदूक की गोली से भी सशक्त होता है। *–अब्राहम लिंकन*

2. लोकतंत्र बहुमत का कानून नहीं बल्कि अल्पसंख्यकों की सुरक्षा है।
–अल्बेयर कामू

3. प्रचार लोकतंत्र का सार है। *–एंटोन चेखोव*

4. लोकतंत्र तब होता है जब अमीर नहीं बल्कि गरीब शासन करें। *–अरस्तु*

5. लोकतंत्र विशेषाधिकार प्राप्त लोगों की आध्यात्मिक संभावनाओं में विश्वास नहीं, बल्कि हर मनुष्य की आध्यात्मिक संभावनाओं में विश्वास है।
–डॉ. एस. राधाकृष्णन

6. लोकतंत्र वह सिद्धांत है जिसके अंतर्गत आम लोग जानते हैं कि वे क्या चाहते हैं, और वे उसे पाने के हकदार हैं। *–एच.एल. मेनकेन*

7. बिना वाद-विवाद और आलोचना के कोई भी प्रशासन या देश और जीवित नहीं रह सकता है और न ही सफल हो सकता है। *–जॉन एफ. कैनेडी*

8. लोकतंत्र समाजवाद की ओर ले जाता है। *–कार्ल मार्क्स*

9. अनुचित बातों में बहुमत की हिस्सेदारी के कारण अन्याय होना बंद नहीं होता।
–लियो टॉल्स्टॉय

10. मैं लोकतंत्र को कुछ ऐसा समझता हूँ कि वह दुर्बलों को बलवान के समान अवसर देता है। *–महात्मा गाँधी*

11. एक कुलीन तंत्र में राजकुमार का अत्याचार लोक कल्याण के लिए उतना घातक नहीं होता जितना कि लोकतंत्र में नागरिक की उदासीनता। *–मोंटेस्क्यू*

12. लोकतंत्र में व्यक्ति न केवल अधिकारों व शक्तियों का आनंद लेता है बल्कि परम जिम्मेदारियों का वहन भी करता है। ***–नॉर्मन कजिन्स***

13. लोकतंत्र के अधिकार समाज के केवल चुनिंदा समूहों के लिए आरक्षित नहीं होते बल्कि सभी के लिए होते हैं। ***–ओलोफ पाल्मे***

14. जनता की समस्याओं प्रति उदासीनता की कीमत वे अच्छे लोग चुकाते हैं जो दुष्ट द्वारा शासित होते हैं। ***–प्लेटो***

15. दैनिक नागरिकता के अस्तित्व के बिना दैनिक शासन असंभव है।

–राल्फ नादेर

16. लोकतंत्र के खिलाफ सबसे अच्छा तर्क औसत मतदाता के साथ पाँच मिनट की बातचीत है ***–विंस्टन चर्चिल***

ଔଷ

28

नियति और प्रारब्ध

1. आपकी मान्यताएँ आपके विचार बनते हैं; आपके विचार आपके शब्द; आपके शब्द आपकी क्रियाएँ; आपकी क्रियाएँ आपकी आदतें, आपकी आदतें, आपके मूल्य; आपके मूल्य, आपका भाग्य। *–महात्मा गाँधी*

2. मैं भाग्य में बहुत विश्वास रखता हूँ। मैं जितना कठोर श्रम करता हूँ; उतना ही स्वयं को भाग्यशाली पाता हूँ। *–थॉमस जेफरसन*

3. अपनी धारणा बदलकर अपना भाग्य बदलिए। *–ताकुदज्वा माश*

4. मनुष्य अपने जीवन की गलतियों का ढेर बनाकर राक्षस का निर्माण स्वयं करता है, और फिर उसे भाग्य कहकर दोष देता है। *–जॉन ओलिवर हॉब्स*

5. कई लोग खराब प्रबंधन को भाग्य समझते हैं। *–किन हबर्ड*

6. हम अपना भाग्य स्वयं नहीं बनाते; बस उसके सामने आने की प्रक्रिया में हिस्सा लेते हैं। *–डेविड रिचो*

7. बहुत आगे देखना बेकार है। भाग्य की शृंखला की केवल एक कड़ी को ही एक समय में सँभाला जा सकता है। *–विंस्टन चर्चिल*

8. आपके निर्णय के क्षणों में ही आपका भाग्य आकार पाता है। *–एंथनी रॉबिंस*

9. उद्देश्य आंतरिक है, कर्म बाह्य और नियति शाश्वत है। *–थॉमस रॉबर्ट स्लाइसर*

10. हम अपने द्वारा चुने गए विकल्पों द्वारा अपने भाग्य पर मुहर लगाते हैं। *–ग्लोरिया एस्टेफान*

11. भाग्य केवल मोटा सूत्र बुन सकता है; उसे रेशम जैसा कोमल बनाना आपका काम है। *–जॉन ड्राइडन*

12. भाग्य एक अजीब, अलोकप्रिय रेस्टोरेंट की तरह है जो अलग ही तरह के लघु परिचारकों से भरा हुआ है और वे हमेशा ऐसी चीजें लेकर आते हैं जो न आपने कभी मँगाई होती हैं और न आपको पसंद होती हैं। –***लेमनी स्निकेट***

଒ଓ

29

विविधता

1. समनुरूपता स्वतंत्रता की जेलर है और विकास की शत्रु। ***–जॉन एफ. कैनेडी***

2. विविधता हम सभी के बारे में है और हमें इस विश्व में साथ चलने का तरीका खोजना है। ***–एक्लीन वुडसन***

3. विविधता और समावेशन सृजनात्मकता के आधार हैं और हमेशा केंद्र में स्थित होने चाहिए। ***–मार्को बिजारि***

4. हमारी सुंदरता अनेकता में एकता तक पहुँचने की क्षमता में होगी और उसी में हमारी सभ्यता की परीक्षा भी। ***–महात्मा गाँधी***

5. विविधता में सुंदरता भी है और ताकत भी। ***–माया एंजेलो***

6. हमारे धर्म अलग–अलग हो सकते हैं, भाषाएँ विविध हो सकती हैं, हमारी काया के रंग अलग हो सकते हैं लेकिन हम सभी एक ही मानव जाति का हिस्सा हैं। ***–कोफी अन्नान***

7. हम सभी को एक साथ भाइयों के रूप में रहना सीखना होगा वरना मूर्खों के रूप में सभी का सर्वनाश हो जाएगा। ***–मार्टिन लूथर किंग जूनियर***

8. हालाँकि हम अलग–अलग नावों में हैं और अपनी–अपनी डोंगी में, लेकिन हम सभी जीवन रूपी एक ही नदी साझा करते हैं। ***–ओरेन लियोंस***

9. हमें जोड़ने की शक्ति, विभाजित करने की शक्ति से ज्यादा तेजोमय है। ***–एडवर्ड कैनेडी***

10. जब आप मस्जिद में झुकते हो, मंदिर में घुटने टेकते हो या चर्च में प्रार्थना करते हो तो आप मुझे अच्छे लगते हो। मैं और आप उस एक परमात्मा की ही संतान हैं। ***–खलील जिब्रान***

30

विकास

1. आज के समय में वैश्विक अन्योन्याश्रितता का अर्थ है विकासशील देशों की आर्थिक आपदाओं का विकसित देशों पर प्रतिघात।

   –अटल बिहारी वाजपेयी

2. विकास केवल आर्थिक बदलाव नहीं, लोगों के जीवन में बदलाव है।

   –जोसेफ ई. स्टिग्लिट्ज

3. कोई भी देश वास्तव में तब तक विकसित नहीं हो सकता जब तक उसके नागरिक शिक्षित न हों। ***–नेल्सन मंडेला***

4. यदि तकनीकी प्रगति मनुष्य के नैतिक गठन व आतंरिक विकास के अनुरूप नहीं है तो वह प्रगति नहीं है, बल्कि दुनिया और मनुष्य जाति के लिए खतरा है।

   –पोप बेनेडिक्ट XVI

5. प्रगति अक्सर अतीत में प्राप्त की गई आलोचना से होती है। ***–पॉल फेयरबेंड***

6. भारत अविकसित देश नहीं है, जैसा कि लोग इसे कहते हैं, बल्कि इतिहास और सांस्कृतिक विरासत के संदर्भ में कहें तो यह वह देश है जो अत्यधिक उन्नत होने के बाद अपकर्ष की अग्रिम अवस्था में है। ***–शशि थरूर***

7. मानव समाज में जो कुछ भी मूल्यवान है, वह विकास के व्यक्तिगत अवसर प्रदान किए जाने पर निर्भर करता है। ***–अल्बर्ट आइंस्टीन***

8. आर्थिक विकास बिना मानव विकास में निवेश किये, अनैतिक और अरक्षणीय है। ***–अमर्त्य सेन***

9. आप मानव विकास के निष्कर्षों का अंदाजा नहीं लगा सकते। आप किसान की तरह केवल ऐसी परिस्थितियाँ बना सकते हैं जिससे मानव हर स्तर पर फले-फूले। ***–केन रॉबिन्सन***

10. इतिहास के मिथ्याकरण ने मानव विकास में किसी भी अन्य चीज की तुलना में अधिक बाधा डाली है। *–रूसो*

11. स्वास्थ्य मानव विकास का मूल है। *–ग्रो हार्लेम ब्रंटलैंड*

12. आर्थिक विकास का सर्वोच्च संसाधन लोग हैं। आर्थिक विकास हमेशा लोगों के कारण होता है, पूँजी या कच्चे माल के कारण नहीं। *–पीटर ड्रकर*

13. यदि हम आर्थिक विकास के इतिहास से कुछ सीखते हैं तो वह यह कि संस्कृति जीवन और देश में बहुत परिवर्तन लाती है। *–डेविड लैंड्स*

14. बिना आर्थिक विकास के, किसी भी राजनीतिक खुलेपन या स्वतंत्रता की संभावना संदिग्ध होगी। *–जोस मारिया अजनार*

15. एक सफल आर्थिक विकास रणनीति को क्षेत्र के कार्यबल कौशल के सुधार पर ध्यान देना चाहिए। *–रॉड ब्लागोजेविच*

31

मृत्यु

1. मैं मौत से नहीं डरता। मैं पैदा होने से अरबों साल पहले अरबों बार मर चुका हूँ और मुझे उससे थोड़ी-सी भी असुविधा नहीं हुई। *-मार्क ट्वेन*

2. मनुष्य केवल कब्र के पास पहुँचने पर ही कोई निष्कर्ष निकाल सकता है। *-हेनरी एडम्स*

3. ये दुनिया एक सराय है और मौत यात्रा का अंत। *-जॉन ड्राइडन*

4. मृत लोगों की संख्या जीवित लोगों से अधिक है और उनकी संख्या बढ़ रही है। जीवित लोग अब दुर्लभ ही हैं। *-यूजीन इओन्स्को*

5. आप केवल दो बार जीते हैं एक बार जब आप पैदा होते हैं और दूसरी बार जब आप मौत का चेहरा करीब से देखते हैं। *-इयान फ्लेमिंग*

6. हम सब एक ही तरह से जन्म लेते हैं लेकिन मरते अलग-अलग तरीकों से हैं। *-जेम्स जॉयस*

7. जन्म की तरह मृत्यु भी प्रकृति के रहस्यों में से एक है, मौलिक तत्त्वों का संयोजन और फिर उन तत्त्वों में ही मिल जाना। *-मार्कस ऑरेलियस*

8. मृत्यु इस दुनिया के परे जाना है; जैसे दो मित्र समुद्र पार करते हैं पर फिर भी एक-दूसरे में रहते हैं। *-विलियम पेन*

9. नींद, मृत्यु के छोटे-छोटे टुकड़े हैं-कितनी नफरत करता हूँ मैं उनसे। *-एलन एडगर पो*

10. अलविदा हम सिर्फ उन्हें कहते हैं जिनसे आँखों से प्रेम करते हैं। क्योंकि जिनसे आप हृदय और आत्मा से प्रेम करते हैं, उनके प्रति विरह या जुदाई जैसा कुछ नहीं होता। *-रूमी*

11. मृत्यु जीवन की सबसे बड़ी हानि नहीं है। महानतम नुकसान तब होता है जब जीते-जी हमारे अंदर कुछ मर जाता है। *-नॉर्मन कजिन्स*

32

समानता

1. सभी जीव समान हैं, लेकिन कुछ जीव बाकियों से अधिक समान हैं।
–जॉर्ज ऑरवेल

2. भगवान के सामने हम सब समान रूप से बुद्धिमान हैं, और समान रूप से मूर्ख।
–अल्बर्ट आइंस्टीन

3. समानता एक जैसे लोगों से समान व्यवहार है। *–अरस्तु*

4. एकमात्र स्थिर और दृढ़ देश वह है जहाँ सभी लोग कानून के सामने बराबर हैं।
–अरस्तु

5. काली या हरित शक्ति का आह्वान न करें। प्रज्ञा शक्ति का आह्वान करें।
–बारबरा जॉर्डन

6. हर कोई रक्तरंजित किताब है; जहाँ भी खोला, वहाँ लाल है।
–क्लाइव बार्कर

7. जब मैं किसी व्यक्ति से मिलता हूँ, तो मुझे वह व्यक्ति दिखाई देता है – उसका पद, उसकी सामाजिक स्थिति, उसका रुतबा नहीं। *–क्रिस जैमी*

8. यह तथ्य कि हम सब अलग–अलग हैं, यह बताता है कि हम सभी समान हैं।
–सी जॉयबेल सी

9. समानता आत्मा की स्वतंत्रता है; सच तो यह है कि समानता के बिना स्वतंत्रता का कोई अर्थ नहीं। *–फ्रांसिस राइट*

10. मैं सभी के लिए समानता में विश्वास करता हूँ। *–महात्मा गाँधी*

11. कहीं भी होने वाला अन्याय हर जगह के न्याय के लिए खतरा है।
–मार्टिन लूथर किंग जूनियर

12. समान वेतन केवल महिलाओं का मुद्दा नहीं है; जब महिलाओं को समान वेतन मिलता है तो उनके परिवार की आय में वृद्धि होती है और पूरे परिवार को लाभ होता है। ***-माइक होंडा***

13. मैं इस बारे में सोचकर और भी अधिक प्रभावित होता हूँ कि सामाजिक समानता ही मानव खुशी का एकमात्र आधार है। ***-नेल्सन मंडेला***

14. जब तक हमें शिक्षा के समान अवसर नहीं मिलेंगे, तब तक सामाजिक समानता संभव नहीं है। ***-सोनिया सोतोमयोर***

15. दूसरी भाषाओं और संस्कृतियों को समझना, मेल-जोल का पुल बनाने का कार्य करने जैसा है। ***-सूजी कासेम***

16. समानता का तब तक कोई मतलब नहीं है, जब तक कि इसे संस्थानों में शामिल न किया जाए। ***-स्लोबोडन मिलोसेविक***

17. कोई भी व्यक्ति कानून से ऊपर और उसके नीचे नहीं है।

-थियोडोर रूजवेल्ट

18. यदि आप भिन्नता से नफरत करते हैं, तो आप एक ही बात को सोच-सोचकर और ऊबकर मर जाएँगे। ***-तोबा बीटा***

19. समानता इसमें नहीं है कि हम अलग-अलग चीजों को एक समान समझें, अलग-अलग चीजों की भिन्नता में भी समानता है। ***-टॉम रॉबिंस***

20. समानता में वैयक्तिकता निहित है। ***-ट्रे अनास्तासियो***

21. किसी भी देश के सभी नागरिक समान रूप से शक्तिशाली नहीं हो सकते, लेकिन वे समान रूप से स्वतंत्र हो सकते हैं। ***-वॉल्टेयर***

22. कभी आप से ऊपर नहीं; कभी आपसे नीचे नहीं। हमेशा आपके साथ।

-वाल्टर विनचेल

23. मुझे सूअरों का शौक है क्योंकि कुत्ते हमसे उम्मीद रखते हैं, बिल्लियाँ हमें तुच्छ समझती हैं जबकि सूअर हम से बराबरी का व्यवहार करते हैं।

-विंस्टन चर्चिल

24. आज के समय में दुनिया में कहीं भी रहकर जाति या रंग की समानता के विरुद्ध रहना वैसा ही है जैसे अलास्का में रहकर, बर्फ के खिलाफ होना।

-विलियम फॉकनर

ဏ

33

संवेगात्मक बुद्धि

1. कोई भी क्रोधित हो सकता है–यह आसान है। लेकिन सही व्यक्ति से, सही मात्रा में, सही समय पर और सही उद्देश्य के लिए और सही तरीके से नाराज होना–यह आसान नहीं है। *–अरस्तु*

2. मैं बुद्धिमत्ता के कारण निराशावादी हूँ, लेकिन इच्छाशक्ति के कारण आशावादी। *–एंटोनियो ग्राम्शी*

3. जो कुछ भी क्रोध में शुरू होता है, वह शर्म पर समाप्त होता है। *–बेंजामिन फ्रैंकलिन*

4. यह समझना बहुत जरूरी है कि संवेगात्मक बुद्धिमत्ता का विलोम नहीं है, यह हृदय की मस्तिष्क पर जीत नहीं है–यह दोनों का प्रतिच्छेदन है। *–डेविड कारुसो*

5. एक उच्च बुद्धिलब्धि कार्यक्षेत्र में विनम्रता कौशल जैसे अनुशासन, चेतना और समानुभूति अत्युत्तम और श्रेष्ठ भावों के रूप में उभरकर आते हैं। *–डेनियल गोलमैन*

6. जब लोग बात करें तो ध्यान से सुनें। ज्यादातर लोग कभी नहीं सुनते। *–अर्नेस्ट हेमिंग्वे*

7. कुशल व्यवहार के लिए बुद्धि से कुछ अधिक चाहिए। *–फ्योदोर दोस्तोएव्स्की*

8. एक नेता आशा का वितरक होता है। *–नेपोलियन बोनापार्ट*

9. मैं जानता हूँ कि मैं बुद्धिमान हूँ, क्योंकि मैं जानता हूँ कि मैं कुछ नहीं जानता। *–सुकरात*

10. कोई भी परवाह नहीं करता कि आप कितना जानते हैं, जब तक वे यह नहीं जानते कि आप उनकी कितनी परवाह करते हैं। ***-थियोडोर रूजवेल्ट***

11. हम यह न भूलें कि छोटी-छोटी भावनाएँ हमारे जीवन की नियंता हैं जिनके आदेशों का हम अनायास ही पालन करते हैं। ***-विंसेंट वान गॉग***

ଓଃ୬

34

ईर्ष्या

1. ईर्ष्या खाली घर में प्रवेश नहीं करती। *–डेनिस कहावत*

2. किसी से ईर्ष्या न करें। यही खुशी का असली राज़ है या कम–से–कम मुझे यही एक राज़ पता है। *–पीटर एस. बीगल*

3. ईर्ष्या मानवता को सोने नहीं देती। *–कार्ल जुंग*

4. हमारी ईर्ष्या हमेशा उनकी खुशी से ज्यादा लंबी होती है जिनसे हम ईर्ष्या करते हैं। *–रोशेफोकॉल्ड*

5. ईर्ष्या और क्रोध जीवन को छोटा कर देते हैं। *–बाइबल*

6. कुछ लोगों में बिना ईर्ष्या के मित्र की सफलता का सम्मान करने की स्वाभाविक शक्ति मौजूद होती है। *–एशिलस*

7. ईर्ष्यालु मन विश्वासघाती कान बनाता है। *–जोरा नील हर्स्टन*

8. अगर ईर्ष्या दाद (बीमारी) होती, तो हम सभी को खुजली होती। *–मैक्सिकन कहावत*

9. अगर ईर्ष्या जलाती तो लकड़ी की आवश्यकता नहीं पड़ती। *–सर्बियाई कहावत*

10. ईर्ष्या अपने अलावा दूसरों के वरदानों को गिनने की कला है। *–हेरोल्ड कॉफिन*

35

दुश्मन

1. अपने बाहर के दुश्मन को कुचलना आसान है लेकिन अंदर के दुश्मन को हराना नामुमकिन। ***–इजी योशिकावा***

2. हम अक्सर अपने दुश्मनों को अपने विनाश का कारण देते हैं। ***–ईसप***

3. एक मूर्ख को जितनी मदद अपने दोस्तों से मिलती है, उससे ज्यादा फायदा एक बुद्धिमान को उसके दुश्मनों से मिलता है। ***–बाल्टसर ग्रेसियन***

4. दुश्मन द्वारा दिखाई गई मानवता से अधिक असहज कुछ और महसूस नहीं कर सकते। ***–कोबो अबे***

5. दोस्तों को करीब रखें, लेकिन दुश्मनों को मित्रों से भी अधिक करीब। ***–मारियो पूजो***

6. केवल शत्रु ही सच बोलते है। दोस्त और प्रेमी कर्तव्य के जाल में फँसकर अनंत झूठ बोलते हैं। ***–स्टीफन किंग***

7. दुश्मन बनाना, दोस्त बनाने से हमेशा ज्यादा आसान होता है। ***–जॉर्ज वाशिंगटन***

8. आप किसी व्यक्ति की श्रेष्ठता की गणना उसके शत्रुओं की संख्या से कर सकते हैं और कलाकृति के महत्त्व की उस नुकसान, से जो उसके बारे में व्यक्त विचारों से हुआ है। ***–गुस्ताव फ्लॉबर्ट***

9. दुश्मन को हराने का सबसे अच्छा तरीका उसे शारीरिक रूप से खत्म करना नहीं, बल्कि मनोवैज्ञानिक तरीके से आत्मसमर्पण के लिए बाध्य करना है। ***–जुझी गुओ***

10. आदमी कितना भी बुरा क्यों न हो, उसके कुछ दोस्त होंगे; और कितना ही अच्छा क्यों न हो, उसके कुछ शत्रु अवश्य होंगे। ***-इवान पैनिन***

11. सफल होने के लिए आपको दोस्तों की जरूरत है और बहुत ज्यादा सफल होने के लिए दुश्मनों की। ***-सिडनी शेल्डन***

ওয়ে

36

शिक्षा और ज्ञान

1. विद्यालय में क्या पढ़ा था, यह भूल जाने के बाद भी जो रह जाता है वही ज्ञान है।

   –अल्बर्ट आइंस्टीन

2. हर कोई प्रतिभाशाली है। लेकिन अगर आप किसी मछली को उसके पेड़ पर चढ़ने की क्षमता से आँकेंगे तो वह अपना पूरा जीवन स्वयं को मूर्ख समझने में बिता देगी।

   –अल्बर्ट आइंस्टीन

3. शिक्षा का अर्थ तथ्यों को सीखना नहीं, बल्कि सोचा कैसे जाए, इस बात के लिए दिमाग को प्रशिक्षित करना है।

   –अल्बर्ट आइंस्टीन

4. शिक्षा का उद्देश्य मनुष्य को कुशल और निपुण के साथ अच्छा मनुष्य बनाना है...प्रबुद्ध मनुष्य शिक्षकों द्वारा ही तैयार किए जाते हैं।

   –ए.पी.जे. अब्दुल कलाम

5. हृदय को शिक्षित किए बिना बुद्धि को शिक्षित करना शिक्षा नहीं हो सकता।

   –अरस्तु

6. किसी विचार को ग्रहण किए बिना उसका आदर करना ही शिक्षित मनुष्य की निशानी है।

   –अरस्तु

7. ज्ञान में निवेश हमेशा अच्छे लाभ देता है।

   –बेंजामिन फ्रैंकलिन

8. या तो कुछ पढ़ने लायक लिखो या कुछ लिखे जाने लायक कर जाओ।

   –बेंजामिन फ्रैंकलिन

9. यदि एक आदमी को एक कटोरी चावल दोगे तो तुम उसे एक दिन खिलाओगे, लेकिन अगर उसे चावल उगाना सिखाओगे तो उसका जीवन बचाओगे।

   –कन्फ्यूशियस

10. अगर आप कोई योजना एक वर्ष के लिए बनाना चाहते हैं तो धान की रोपाई करें, दस साल की योजना है तो पेड़ लगाएँ। यदि 100 वर्षों के लिए कोई योजना है तो बच्चों को शिक्षित करें। ***–कन्फ्यूशियस***

11. वास्तविक ज्ञान अपने अज्ञान की सीमा को जानना है। ***–कन्फ्यूशियस***

12. जब तक आप रुकते नहीं हैं, इस बात से कोई फर्क नहीं पड़ता कि आप कितनी देर तक धीरे-धीरे चलते हैं। ***–कन्फ्यूशियस***

13. बिना नैतिक मूल्यों के प्राप्त शिक्षा मनुष्य को केवल चतुर शैतान ही बनाती है। ***–सी.एस. लेविस***

14. हर देश में सार्वजनिक खुशी का दृढ़ आधार शिक्षा ही है। ***–जॉर्ज वाशिंगटन***

15. एक अशिक्षित बच्चा खोये हुए बच्चे के समान होता है। ***–जॉन एफ. कैनेडी***

16. साक्षरता दुख से आशा तक का सेतु है। ***–कोफी अन्नान***

17. शिक्षा से मेरा तात्पर्य है, बच्चे और मानव शरीर का श्रेष्ठ एवं सर्वांगीण चित्रण-शरीर, मन-मस्तिष्क और आत्मा का। साक्षरता शिक्षा का न ही आरम्भ है और न ही अंत। ***–महात्मा गाँधी***

18. लोकतंत्र के कार्य करने के लिए वास्तव में तथ्यों का ज्ञान आवश्यक नहीं है, बल्कि उचित शिक्षा आवश्यक है। ***–महात्मा गाँधी***

19. बुनियादी शिक्षा, भारत में जो स्थायी है, अच्छा है, बच्चों को उससे जोड़ती है फिर चाहे वे बच्चे शहर के हों या गाँव के। ***–महात्मा गाँधी***

20. अगर हम दुनिया में वास्तविक अर्थ में शांति पाना चाहते हैं, तो बच्चों को शिक्षित करना आरंभ कर दें। ***–महात्मा गाँधी***

21. अपना जीवन ऐसे जियो मानो तुम कल ही मरने वाले हो और कुछ सीखना हो तो यह सोचकर सीखो मानो तुम अमर हो। ***–महात्मा गाँधी***

22. मैंने अपनी स्कूली शिक्षा को कभी भी अपनी शिक्षा में हस्तक्षेप नहीं करने दिया। ***–मार्क ट्वेन***

23. गौरव ग्रन्थ-ऐसी पुस्तक जिसकी लोग प्रशंसा तो करते हैं लेकिन कुछ सीखते नहीं हैं। ***–मार्क ट्वेन***

24. एक आदमी जो रोजमर्रा के जीवन में पुस्तकें नहीं पढ़ता, वह निरक्षर लोगों से ज्यादा बेहतर नहीं होता। ***-मार्क ट्वेन***

25. बच्चों को सिखाना जरूरी है कि कैसे सोचना है, न कि क्या सोचना है। ***-मार्गरेट मीड***

26. एक बच्चा, एक शिक्षक, एक किताब और एक कलम दुनिया बदल सकती है। ***-मलाला युसूफजई***

27. शिक्षा दुनिया को बदलने का सबसे शक्तिशाली हथियार है। ***-नेल्सन मंडेला***

28. उच्चतम शिक्षा हमारे जीवन में केवल जानकारी ही नहीं लाती बल्कि हमारे जीवन में समस्त अस्तित्व के प्रति सद्भावना भी लाती है। ***-रवींद्रनाथ टैगोर***

28. सच्ची शिक्षा बिना अपना आपा या अपना आत्मविश्वास खोए सब कुछ सुन लेने की क्षमता में निहित होती है। ***-रॉबर्ट फ्रॉस्टो***

30. हमें ऐसी शिक्षा चाहिए जिससे चरित्र निर्माण हो, मानसिक शक्ति बढ़े, बुद्धि का विस्तार हो और जो हमें अपने पैरों पर खड़ा कर सके। ***-स्वामी विवेकानंद***

31. पूरे जीवन का केवल एक ही उद्देश्य होता है-शिक्षा। वरना स्त्री, पुरुष, भूमि और धन का क्या लाभ? ***-स्वामी विवेकानंद***

32. जनता को शिक्षित करें और ऊँचा उठाएँ, बस इसी तरीके से राष्ट्र निर्माण संभव है। ***-स्वामी विवेकानंद***

33. शिक्षा मनुष्य में पहले से मौजूद पूर्णता की अभिव्यक्ति है। ***-स्वामी विवेकानंद***

34. किसी व्यक्ति को केवल ज्ञान से शिक्षित करना मूल्यों से नहीं, समाज के लिए संकट उत्पन्न करने जैसा है। ***-थियोडोर रूजवेल्ट***

35. एक बार प्रबुद्ध मस्तिष्क दुबारा अज्ञान का अंधकार नहीं देखता। ***-थॉमस पेन***

36. शिक्षा सभ्यता का संचरण है। ***-विल डूरेंट***

ാ

37

सहानुभूति

1. अगर हम अपनी कहानी किसी ऐसे व्यक्ति के साथ साझा कर सकते हैं जो सहानुभूति और समझ के साथ प्रतिक्रिया देता है, तो शर्म का स्थान नहीं बचेगा।
   -ब्रेन ब्राउन

2. जब लोग बात करें तो ध्यान से सुनें। ज्यादातर लोग कभी नहीं सुनते।
   -अर्नेस्ट हेमिंग्वे

3. मैं घायल व्यक्ति से नहीं पूछता कि वह कैसा महसूस कर रहा है, मैं खुद घायल व्यक्ति बन जाता हूँ। *-वाल्ट व्हिटमैन*

4. समानुभूति किसी अन्य की भावनाओं को सम्मानपूर्वक समझना है।
   -मार्शल बी. रोसेनबर्ग

5. जब आप सहानुभूति और कल्पना की शक्तियों का विकास करते हैं तो आपके समक्ष पूरी दुनिया खुल जाती है। *-सुसान सारंडन*

6. दयालुता और समानुभूति से बड़ी बुद्धिमत्ता कोई नहीं। *-ब्रायंट एच. मैकगिल*

7. समानुभूति से सच्ची संतुष्टि मिलती है। *-टिम फिन*

8. जीवन पहला उपहार है, प्रेम दूसरा, और समझ तीसरा। *-मार्ज पियरसी*

9. जिसने अपने जीवन में कभी कुछ खोया होता है, उसे दूसरों के अभावों की समानुभूति आसानी से होती है। *-एंडरसन कूपर*

10. आप वास्तव में किसी व्यक्ति को तब तक नहीं समझ सकते जब तक आप उसके दृष्टिकोण से चीजों पर विचार न करें। *-हार्पर ली*

38

प्रयास

1. सूर्य की तरह चमकना है तो पहले उसकी तरह जलो।
-ए.पी.जे. अब्दुल कलाम

2. हर सुबह हमारा नया जन्म होता है। हम आज क्या करते हैं, वही सबसे ज्यादा मायने रखता है। *-बुद्ध*

3. जब यह स्पष्ट हो जाए कि आप लक्ष्य तक नहीं पहुँच सकते तो अपने लक्ष्य को नहीं, उस तक पहुँचने के तरीके बदलो। *-कन्फ्यूशियस*

4. इससे कोई फर्क नहीं पड़ता कि आप कितनी देर तक धीरे-धीरे चलते हैं, बस रुकिए मत। *-कन्फ्यूशियस*

5. हमारी महानता कभी न गिरने में नहीं, बल्कि हर बार गिरकर उठने में है।
-कन्फ्यूशियस

6. सब कुछ यथासंभव सरल बनाया जाना चाहिए, लेकिन अत्यधिक सरल नहीं।
-आइंस्टीन

7. प्रतिभा, 1% योग्यता और 99% कड़ी मेहनत है। *-आइंस्टीन*

8. हम क्या करते हैं और हम क्या कर सकते हैं, इसके बीच का अंतर दुनिया की अधिकांश समस्याओं का हल खोजने के लिए पर्याप्त है। *-गाँधी*

9. मैंने अपने प्रयोग से सीखा है कि अगर कोई व्यक्ति अपनी कल्पना की हुई जिंदगी के लिए आत्मविश्वास से अपनी दिशा में आगे बढ़ता है, सपने देखता है, और वैसे ही जीवन जीने का प्रयास करता है तो साधारण समय-सीमा में ही उसे अप्रत्याशित सफलता मिलती है। *-हेनरी डेविड थॉरो*

10. जीवन में कभी भी पीछे मुड़कर न देखें जब तक कि आप उसी रास्ते पर दुबारा जाने की योजना न बना रहे हों। *-हेनरी डेविड थॉरो*

11. हजार मील की यात्रा एक कदम से शुरू होती है। ***–जॉन एफ. कैनेडी***

12. अगर उड़ नहीं सकते तो दौड़ो, दौड़ नहीं सकते तो चलो, चल नहीं सकते तो रेंगो। कुछ भी करो पर आगे बढ़ते रहो। ***–मार्टिन लूथर किंग***

13. क्रिया महत्त्वपूर्ण है न कि उस क्रिया का फल। ***–मार्टिन लूथर किंग***

14. किसी भी कार्य का सबसे महत्त्वपूर्ण हिस्सा उस कार्य की शुरुआत है। ***–मार्क ट्वेन***

15. नेताओं की प्रतीक्षा मत करो; अपने स्तर पर कार्य करते रहो। ***–मदर टेरेसा***

16. यदि हम अपने अंदर ग्रहण करने की क्षमता पैदा करें तो हमारे पास वह सब कुछ आता है जो हमारा है या हम से जुड़ा है। ***–टैगोर***

17. केवल समुद्र किनारे खड़े होकर पानी को ताकते रहने से हम समुद्र पार नहीं कर सकते। ***–टैगोर***

18. आलस्य सभी दोषों की जननी है। ***–रूसी कहावत***

19. आलस्य इतनी धीमी गति से चलता है कि गरीबी जल्द ही उसे पछाड़ देती है। ***–बेंजामिन फ्रैंकलिन***

20. जब आपको लगे कि सभी संभावनाएँ समाप्त हो चुकी हैं, तो याद रखें कि – संभावनाएँ समाप्त नहीं हुई हैं। ***–थॉमस ए. एडिसन***

39

पर्यावरण

1. यह हमारी दुनिया है, हम सबकी दुनिया। हरेक को इसके प्रति साझी जिम्मेदारी महसूस करनी चाहिए। *–बान की मून*

2. जलवायु परिवर्तन मानव परिवार के समक्ष एक सामूहिक चुनौती है। *–बान की मून*

3. सतत विकास और जलवायु परिवर्तन एक ही सिक्के के दो पहलू हैं। *–बान की मून*

4. जलवायु परिवर्तन के लिए सीमा, आप अमीर हैं या गरीब, बड़े हैं या छोटे, कोई महत्त्व नहीं। इसीलिए, इसे वैश्विक चुनौती कहते हैं जिसमें वैश्विक एकजुटता की आवश्यकता है। *–बान की मून*

5. सतत विकास हमारे अपेक्षित भविष्य का मार्ग है। यह आर्थिक विकास, सामाजिक न्याय-प्राप्ति तथा पर्यावरण प्रबंधन को अपनाकर शासन की मजबूती के लिए आवश्यक ढाँचा प्रदान करता है। *–बान की मून*

6. हमें स्वस्थ वातावरण के लिए मजबूत अर्थव्यवस्था का त्याग नहीं करना है। *–डेनिस वीवर*

7. पृथ्वी एक बहुत अच्छा स्थान है और इसकी अच्छाई बनाए रखने के लिए विद्रोह और युद्ध उचित है। *–अर्नेस्ट हेमिंग्वे*

8. मनुष्य की अंतरात्मा की सर्वोच्च परीक्षा है–आने वाली पीढ़ी के लिए वर्तमान कुर्बान कर देने की इच्छाशक्ति, जिसका धन्यवाद सुनने के लिए वह मनुष्य जीवित भी नहीं होगा। *–गेलार्ड नेल्सन*

9. एक अच्छे घर का क्या फायदा जब उस घर को बनाने के लिए अच्छा ग्रह ही नहीं रहेगा?
–हेनरी डेविड थॉरो

10. हमारे ग्रह की कड़वी सच्चाई इसकी अभेद्यता है। ***–जॉन एफ. कैनेडी***

11. पर्यावरण ही तो है जहाँ हम सब मिलते हैं; जहाँ हम सभी का परस्पर हित है। पर्यावरण ही तो है जिसे हम सब साझा करते हैं। ***–लेडी बर्ड जॉनसन***

12. हम दुनिया के जंगलों के लिए क्या कर रहे हैं, यह इस बात का प्रतिबिंब है कि हम स्वयं के लिए और दूसरों के लिए क्या कर रहे हैं। ***–महात्मा गाँधी***

13. अगर हम पर्यावरण नष्ट करेंगे तो हमारा कोई समाज नहीं रहेगा। ***–मार्गरेट मीड***

14. हमारे ग्रह के लिए सबसे बड़ा खतरा यह विश्वास है कि इसे कोई और बचाएगा। ***–रॉबर्ट स्वान***

15. हवा–पानी, वन्य –जीवन की रक्षा, वास्तव में मनुष्य–जीवन की रक्षा करने की योजना है। ***–स्टीवर्ट उडाल***

16. प्रकृति को गहराई से देखें, तभी आप हर चीज अच्छे से समझ पाएँगे।
–अल्बर्ट आइंस्टीन

17. प्रकृति में न तो पुरस्कार होते हैं और न ही दंड; केवल परिणाम होते हैं।
–रॉबर्ट ग्रीन इंगरसोल

40

अहंकार

1. मनुष्य एक भिन्नांक की तरह होता है जिसका 'अंश' वह भाग होता है जो वह असल में होता है और 'हर' वह भाग होता है जो वह अपने बारे में सोचता है। जितना बड़ा 'हर' होगा, उतना ही छोटा भिन्नांक होगा। ***–लियो टॉल्स्टॉय***

2. अहंकार कहता है, "एक बार सब कुछ ठीक हो जाए, तो मुझे शांति मिलेगी। आत्मा कहती है, "पहले शांति खोजो, फिर सब कुछ ठीक हो जाएगा।"
–मैरिएन विलियमसन

3. आपको केवल स्वयं को जानने और निरीक्षण करने की आवश्यकता है। जब कभी भी आप किसी और से श्रेष्ठ या हीन महसूस करते हैं तो वह आपके अंदर का अहंकार है। ***–एकार्ट टोले***

4. अहंकार कमजोरों पर हावी होता है, बुद्धिमान अपने अहंकार पर हावी होते हैं और सतत अपने अहंकार के खिलाफ संघर्ष करते हैं। ***–हमजा युसूफ***

5. मन की नकारात्मक स्थितियाँ जैसे–क्रोध, आक्रोश, भय, ईर्ष्या और जलन अहंकार के उत्पाद हैं। ***–एकार्ट टोले***

6. अहंकार बस 'आप क्या हैं' का विचार है जिसे लेकर आप जगत् में घूमते हैं।
–वेन डायर

7. अगर कोई आपको गलती बताता है, और आप बुरा मान जाते हैं तो आप में अहंकार की समस्या है। ***–नोमान अली खान***

8. अपने बारे में बात न करें; यह तब किया जाएगा जब आप दुनिया छोड़ेंगे।
–विल्सन मिजनेर

9. "18/40/60" खुशी के नियम:

   (i) 18 साल की उम्र में लोग इस बात की बहुत परवाह करते हैं कि दूसरे उनके बारे में क्या सोचते हैं।

(ii) 40 साल की उम्र तक आते-आते, वे दूसरों की सोच की चिंता न करना सीख जाते हैं।

(iii) 60 साल की उम्र तक आते-आते वे समझ जाते हैं कि कोई भी उनके बारे में सोच ही नहीं रहा था। *-डैनियल आमेन*

10. अहंकार, मनुष्य और ईश्वर के बीच का परदा है। *-रूमी*

11. जब भी मैं ऊपर की ओर जाता हूँ, तो मेरा पीछा 'अहंकार' नामक एक कुत्ता करता है। *-फ्रेडरिक विल्हेम नीत्शे*

41

अर्थव्यवस्था

1. जब महिलाएँ समृद्ध होती हैं तो अर्थव्यवस्थाएँ समृद्ध होती हैं।
-क्रिस्टीना लेगार्ड

2. सुशासन वाले देश में गरीबी और अव्यवस्थित शासन में धन होना शर्मिंदगी की बात है।
-कन्फ्यूशियस

3. जहाँ दक्षता होगी, वहाँ अर्थव्यवस्था भी अच्छी होगी। *-बेंजामिन डिजरायली*

4. हम आर्थिक विकास और स्थिरता के बीच चयन नहीं कर सकते-दोनों ही आवश्यक हैं।
-पॉल पोलमैन

5. आप जानते हैं कि दुनिया में बहुत कम मार्क्सवादी बचे हैं...और वे सभी अमेरिकी विश्वविद्यालयों में हैं।
-मिल्टन फ्रीडमैन

6. लोग अर्थव्यवस्था चाहते हैं, और वे इसके लिए कोई भी कीमत चुकाने को तैयार होंगे।
-ली इयाकोका

7. आमतौर पर अर्थव्यवस्था का अध्ययन हमें यह दिखाता है कि खरीद के लिए पिछला साल सबसे अच्छा था।
-वुडी एलेन

8. संपूर्ण विश्व की अर्थव्यवस्था, दुनिया की केवल दो प्रतिशत आबादी की लालसा पूर्ति पर आधारित है।
-बिल ब्रायसन

9. अर्थव्यवस्था कल को सुधारने का ऐसा तरीका है जिसकी तैयारी हम आज करते हैं।
-केल्विन कूलिज

10. यदि आप पर बैंक का सौ पाउंड बकाया है, तो यह आपके लिए समस्या है। लेकिन अगर आप पर एक लाख पाउंड बकाया है, तो यह बैंक के लिए समस्या है।
-जॉन मेनार्ड कीन्स

11. जलवायु परिवर्तन की राजनीति के बारे में कटु सत्य यह है कि कोई देश अपनी अर्थव्यवस्था को दाँव पर लगाना नहीं चाहता। ***–टोनी ब्लेयर***

12. मुद्रास्फीति कराधान का एक ऐसा रूप है जो बिना कानून के भी लागू किया जा सकता है। ***–मिल्टन फ्रीडमैन***

42

नीतिशास्त्र

1. नैतिकता केवल इस बात का अंतर जानने में है कि आपके पास क्या करने का अधिकार है और क्या करना सही है। *–पॉटर स्टीवर्ट*

2. नैतिकता के बिना मनुष्य का कोई भविष्य नहीं है। यह कहना प्रासंगिक है कि इसके बिना मानव जाति का अस्तित्व ही नहीं होगा। नीतिशास्त्र विकल्प और क्रियाएँ निर्धारित करता है और प्राथमिकताएँ तय करने के सुझाव देता है। *–जॉन बर्जर*

3. किसी भी उपकरण का प्रयोग अच्छे या बुरे के लिए किया जा सकता है। वास्तव में उसका प्रयोग कलाकार की नैतिकता पर निर्भर करता है कि वह उस उपकरण का प्रयोग कैसे करता है। *–जॉन नौल*

4. बिना नैतिकता के मनुष्य एक जंगली जानवर है जिसे दुनिया पर खुला छोड़ दिया गया है। *–अल्बेयर कामू*

5. नैतिकता मनुष्य की ऐसी गतिविधि है जो वह स्वयं के व्यक्तित्व की आंतरिक पूर्णता की सुरक्षा हेतु करता है। *–अल्बर्ट श्वित्जर*

6. सभ्य जीवन में कानून नैतिकता के समुद्र में तैरता है। *–अर्ल वारेन*

7. हमारा जीवन अजनबियों की नैतिकता पर निर्भर करता है, और हम में से अधिकांश हमेशा दूसरे के लिए अजनबी होते हैं। *–बिल मोयर्स*

8. समाज के लगभग हर क्षेत्र में नैतिकता से ज्यादा महत्त्वपूर्ण कुछ भी नहीं है। *–हेनरी पॉलसन*

9. नैतिकता के विकास में पहला कदम अन्य मनुष्यों के साथ एकजुटता की भावना है। *–अल्बर्ट श्वित्जर*

10. कानून की नजर में एक आदमी दोषी होता है जब वह औरों के अधिकारों का अतिक्रमण करता है। नैतिकता की दृष्टि में वह तब दोषी होता है जब वह अतिक्रमण करने की सोच रखता है। ***–इमैनुएल कांट***

☙❧

43

क्षमा और दया

1. कमजोर कभी क्षमा नहीं कर सकता। क्षमा बलवान का गुण है।
-मार्टिन लूथर किंग

2. अगर हम वास्तव में प्रेम करना चाहते हैं, तो हमें सीखना होगा कि क्षमा कैसे करें।
-मदर टेरेसा

3. क्षमा सबसे बड़ा उपहार है जो आप स्वयं को दे सकते हैं। *-माया एंजेलो*

4. शत्रु को क्षमा करना मित्र को क्षमा करने से ज्यादा आसान है।
-विलियम ब्लेक

5. इतिहास के अपरिवर्तनीय प्रवाह को उलटने का एकमात्र तरीका क्षमा करना है।
-हन्ना आरेंट

6. जो दूसरों को क्षमा करना नहीं जानते, उन्हें उस स्थिति से अवश्य गुजरना पड़ता है क्योंकि कभी-न-कभी हर व्यक्ति को माफी की आवश्यकता पड़ती है।
-लॉर्ड हर्बर्ट

7. मैं जो खुद होने की कल्पना करता हूँ, उसके अलावा भी मैं कुछ हूँ, यह जानना ही क्षमा है।
-सिमोन वेल

8. क्षमा धन की तरह होती है। हम इसे स्वयं के लिए प्राप्त करना चाहते हैं, लेकिन औरों को देना नहीं चाहते।
-जेन्टेजेन फ्रैंकलिन

9. क्षमा करना उपचार है, खासकर स्वयं के लिए। *-एलिसन नोएल*

10. याद रखें, क्षमा का उद्देश्य अपने आपको घटना से भावनात्मक रूप से अलग करना है। क्षमा करना जेल से छूटने जैसा है। *-जिम ब्राउन*

44

आस्था

1. दुनिया में दो अलग-अलग तरह के लोग होते हैं, एक वे, जो जानना चाहते हैं, और दूसरे, जो विश्वास करना चाहते हैं। *-फ्रेडरिक विल्हेम नीत्शे*

2. श्रद्धा वह पहला कदम है जब आप पूरी सीढ़ी नहीं देख सकते। *-मार्टिन लूथर किंग*

3. श्रद्धा वह पक्षी है जो प्रकाश को तब महसूस करता है जब प्रत्युष की बेला में भी अँधेरा छाया हो। *-टैगोर*

4. विश्वास करो मेरे बच्चे! श्रद्धा अस्तित्व का भोजन है। *-तोब्शा लर्नर*

5. श्रद्धा मनुष्य की ऐसी मन:स्थिति है जिसे आत्मानुशासन के माध्यम से प्रशिक्षित किया जा सकता है। *-ब्रूस ली*

6. श्रद्धा मन की ऐसी अवस्था है जिसमें मनुष्य अदृश्य वस्तुओं से भी प्रभावित होता है। *-हेनरी वार्ड बीचर*

7. बिना श्रद्धा के प्रार्थना करना भारी वर्षा में किंचित आग़ के समान है। *-विलियम स्कॉट डाउनी*

8. आंतरिक शांति का स्वर्ग, श्रद्धा का सामान्य अपेक्षित परिणाम है। *-विलियम जेम्स*

9. श्रद्धा वह क्षमता है जो हमें उन बातों पर विश्वास करना सिखाती है, जो हम जानते हैं कि असत्य हैं। *-ब्रैम स्टोकर*

10. श्रद्धा का अर्थ है-एक पवित्र कल्पना, या यूँ कहिए, आध्यात्मिक वस्तुओं पर लागू होने वाली कल्पना। *-हेनरी वार्ड बीचर*

45

परिवार

1. सभी सुखी परिवार एक-दूसरे से मिलते-जुलते हैं; प्रत्येक दुखी परिवार अपने दुखों से दुखी है। ***-लियो टॉल्स्टॉय***

2. जिस परिवार में सद्भावना होगी, वह हर क्षेत्र में समृद्ध होगा। ***-चीनी कहावत***

3. एक सेना की ताकत की तरह, परिवार की ताकत, एक-दूसरे के प्रति वफादारी में है। ***-मारियो पूजो***

4. परिवार क्या है ? ये वे लोग हैं जिन्होंने आपका अपना होने का दावा किया था। ***-सारा डेसेन***

5. जो व्यक्ति अपने परिवार के साथ समय नहीं बिता सकता वह सच्चे अर्थों में व्यक्ति नहीं है। ***-मारियो पूजो***

6. हमारे समय की सामाजिक रूप से सबसे विध्वंसक संस्था 'एकल अभिभावक' वाला परिवार है। ***-पॉल जॉनसन***

7. परिवार ही स्वतंत्रता की परीक्षा है; क्योंकि परिवार ही एक ऐसी चीज है जो एक स्वतंत्र व्यक्ति स्वयं के लिए स्वयं बनाता है। ***-जी.के. चेस्टर्टन***

8. परिवार ही आपको संतुलित और विनम्र रखता है। ***-एंजेलीना जोली***

9. मैं अपने कई संबंधों से घृणा करता हूँ। शायद इसीलिए कि हम में से कोई बर्दाश्त नहीं कर सकता कि हमारे दोष दूसरों में हों। ***-ऑस्कर वाइल्ड***

10. एक परिवार को एक टीम की तरह काम करना चाहिए जो एक-दूसरे के व्यक्तिगत लक्ष्य और आकांक्षाओं को पूरा करने में मदद करे। ***-बज एल्ड्रिन***

11. परिवार हृदय का देश होता है। ***-ग्यूसेप माजिनी***

12. एक दिन तुम मेरे लिए ऐसे काम करोगे जिनसे तुम घृणा करते हो। परिवार होने का यही अर्थ है। ***–जोनाथन सफरान फॉयर***

13. परिवार के लिए विवाह का उतना ही महत्त्व है जितना कि एक मेज के लिए उसके पायों का। ***–बेट्‌टी जेन वाइली***

14. यदि 'परिवार' खत्म होता है तो सभ्यता भी खत्म होती है।
–रोनाल्ड रीगन

15. वह जो अपनी पत्नी और बच्चों से प्यार नहीं करता, वह घर में शेरनी को पालता है और दुखों के घोंसले बनाता है। ***–जेरेमी टेलर***

46

फैशन

1. आप कभी भी अति से ज्यादा सजे-सँवरे या अति शिक्षित नहीं हो सकते।

-ऑस्कर वाइल्ड

2. अच्छी तरह से कपड़े पहनना शिष्टाचार का एक रूप है। *-टॉम फोर्ड*

3. हर पीढ़ी पुराने फैशन पर हँसती है, लेकिन नए फैशन को ईमानदारी से अपनाती है। *-हेनरी डेविड थॉरो*

4. आप जो पहनते हैं उसी से खुद को दुनिया के समक्ष पेश करते हैं, विशेष रूप से आज के सन्दर्भ में जब मानव संपर्क बहुत जल्द हो जाता है। फैशन संप्रेषण की तत्काल भाषा है। *-मिउकिया प्रादा*

5. रोजमर्रा की कड़वी सच्चाई से बचने का तरीका है फैशन। *-बिल कनिंघम*

6. फैशन फीका पड़ जाता है, पर शैली शाश्वत रहती है। *-युव्स सेंट लौरेंट*

7. लोग घूरेंगे। उन्हें निराश न करें। *-हैरी विंस्टन*

8. अप्रस्थापित होने के लिए हमेशा अलग व्यक्तित्व रखिए। *-कोको चैनेल*

9. फैशन कला और सामाजिक संबंधों को साकार रूप में जीने का प्रयास है। *-फ्रांसिस बेकन*

10. जीवन में सबसे अच्छी चीजें मुफ्त हैं। दूसरी सबसे अच्छी चीजें महँगी हैं।

-कोको चैनेल

47

नारीवाद

1. नारीवाद एक विश्वास है कि महिलाओं को भी पुरुषों के समान अधिकार और अवसर मिलने चाहिए। *–अज्ञात*

2. नारीवाद दोनों लिंगों की राजनीतिक, आर्थिक और सामाजिक समानता की अभिव्यक्ति है, खासकर महिलाओं के अधिकारों और हितों की रक्षा के लिए की गई संगठित गतिविधियाँ। *–मरियम वेबस्टर डिक्शनरी*

3. आइए बार-बार और हर बार दुनिया को बताएँ कि महिलाओं के अधिकार मानवाधिकार हैं और मानवाधिकार महिलाओं के अधिकार। *–हिलेरी क्लिंटन*

4. नारीवाद सिर्फ महिलाओं के बारे में नहीं है; यह सभी के एक जैसा पूर्ण जीवन जीने के अवसर के बारे में है। *–जेन फोंडा*

5. मैं नहीं चाहती कि महिलाओं का पुरुषों पर अधिकार हो; लेकिन स्वयं पर अधिकार अवश्य हो। *–मैरी वॉलस्टोनक्राफ्ट*

6. यह पुरुष बनाम महिला मुद्दा नहीं है। यह लोग बनाम पूर्वाग्रह का मुद्दा है। *–लॉरा बेट्स*

7. हमें एक नए तरीके के नारीवाद की आवश्यकता है, जो व्यक्तिगत जिम्मेदारी पर तो जोर दे साथ ही सेक्स तथा असांत्वनीय रहस्यों के प्रति भी खुले विचार रखे। *–केमिली पागलिया*

8. पुरुषों के प्रति नफरत के भाव का धब्बा नारीवादी आंदोलन द्वारा नहीं हटाया जा सकता, क्योंकि यही नारीवाद का मूल है। *–मौली मैक्कैन*

9. मुझे लगता है कि मैंने जो किया और जो करती हूँ, उस पर मेरा नियंत्रण है। यही तो नारी की सर्वोच्च शक्ति है, जो चाहे करो। *–पामेला एंडरसन*

10. आधुनिक दर्शनों में सबसे लोकप्रिय दर्शन है नारीवाद, जिसे इसका कोई भी समर्थक ठीक से समझ नहीं सकता। ***-मौली मैक्कैन***

11. संपूर्ण नारीवाद का पहला सिद्धांत पुरुषों और महिलाओं की समानता है। यह त्रुटिपूर्ण सिद्धांत है। यहाँ प्रकृति बीच में आती है और इसे सफल नहीं होने देती।

-कोरिया मोयलान वाल्श

12. आधुनिक नारीवादी यह नहीं देखते कि उनमें से अधिकांश लोग जो स्वयं ही इसका विरोध करते हैं प्रेम युक्त जीवनसाथी, स्वस्थ बच्चे और खुशहाल घर का आनंद ले रहे हैं या उसकी तलाश कर रहे हैं। ***-मौली मैक्कैन***

13. जब नारीवाद पुरुषों को दुश्मन के रूप में परिभाषित करता है तो एक तरह से वह महिलाओं को प्रकृति प्रदत्त शरीर से अलग कर रहा है।

-केमिली पागलिया

ಌಌ

48

भविष्य

1. आपका भविष्य इस बात पर निर्भर करता है कि आप आज क्या करते हैं।

   –महात्मा गाँधी

2. यदि आप भविष्य की तस्वीर चाहते हैं, तो हमेशा के लिए मनुष्य के चेहरे पर एक जूते की मुहर की कल्पना कीजिए। *–जॉर्ज आरवेल*

3. हम भविष्य नहीं बता सकते। यह बहुतों द्वारा लिखा गया है। *–अलेक्जेंडर वू*

4. जो अतीत को नियंत्रित करता है वह भविष्य को नियंत्रित करता है। जो वर्तमान को नियंत्रित करता है वह अतीत को नियंत्रित करता है। *–जॉर्ज ऑरवेल*

5. मुझे ऐसा भविष्य नहीं चाहिए जो अतीत से मेरा संबंध तोड़ दे। *–जॉर्ज इलियट*

6. हमारा जीवन हमारा अपना नहीं है। हम दूसरों से बँधे हैं, अतीत और वर्तमान से। उनके द्वारा ही हम भविष्य को जन्म देते हैं। *–डेविड मिशेल*

7. मैं अपना अतीत अपने वर्तमान में पाता हूँ और वहीं से भविष्यवाणी करता हूँ।

   –अमोस ब्रोंसन अलकॉट

8. आइए हम आने वाली पीढ़ियों के लिए गौरवान्वित पूर्वज बनें, वैसे ही जैसे आज हम अपने पूर्वजों को याद करते हैं *–रोह मू-ह्यून*

9. चूँकि हम आने वाली पीढ़ियों के बारे में नहीं सोचते हैं, वे हमें कभी नहीं भूलेंगे।

   –हेनरिक टिककानेन

10. भविष्य की कल्पना अनंत संभावनाओं को अपने गर्भ में धारण किए हुए है और स्वयं भविष्य से अधिक फलदायी है और शायद यही कारण है कि हम पा लेने से ज्यादा आशा में और सत्यता से अधिक सपनों में आकर्षण पाते हैं।

    –हेनरी बर्गसन

11. परिवर्तन वह प्रक्रिया है जिसके द्वारा भविष्य हमारे जीवन पर आक्रमण करता है। ***–एल्विन टॉफलर***

12. भविष्य की भविष्यवाणी करने का सबसे विश्वसनीय तरीका है, इसका निर्माण स्वयं करो। ***–अब्राहम लिंकन***

ശ്ര

49

भय

1. अगर लोग सिर्फ इसलिए अच्छे हैं क्योंकि वे सजा से डरते हैं और इनाम की आशा रखते हैं तो वास्तव में हम एक शोचनीय स्थिति में हैं। *–आइंस्टीन*

2. हमें केवल एक चीज से डरना चाहिए और वह है भय। *–फ्रैंकलिन रूजवेल्ट*

3. हम तभी निर्माण करते हैं जब हम भयभीत नहीं होते। *–जे.एम. डब्ल्यू. टर्नर*

4. कोई भी मनोभाव इतना प्रभावशाली ढंग से मस्तिष्क की कार्य करने और तार्किक ढंग से सोचने की शक्तियों को समाप्त नहीं करता जितना कि भय।

   –एडमंड बर्क

5. डर आपको एक सपने से ज्यादा नुकसान नहीं पहुँचा सकता है।

   –विलियम गोल्डिंग

6. बहादुर वह नहीं है जो डरता नहीं है, वह है जो उस भय पर विजय प्राप्त करता है। *–नेल्सन मंडेला*

7. जो मनुष्य अपने भय से दूर भागता है, वह पाता है कि भय के पास पहुँचने का उसने छोटा मार्ग अपनाया था। *–जे. आर. आर. टॉल्किन*

8. आरंभिक और दूरदर्शी भय सुरक्षा की जननी है। *–एडमंड बर्क*

9. सामाजिक नियंत्रण का सबसे अच्छा प्रबंधन डर के माध्यम से किया जाता है।

   –माइकल क्रिचटन

10. डर अंधविश्वास का मुख्य स्रोत है, और क्रूरता के मुख्य स्रोतों में से एक। डर को जीतना प्रज्ञा प्राप्ति की शुरुआत है। *–बर्ट्रेंड रसेल*

50

विफलता

1. निन्यानवे प्रतिशत वे असफल होते हैं जिन लोगों को बहाने बनाने की आदत होती है। ***–जॉर्ज वाशिंगटन***

2. मैं असफल नहीं हुआ हूँ। मैंने अभी तक यह जाना कि 10,000 तरीके भी सफल नहीं हो पा रहे। ***–थॉमस ए. एडीसन***

3. कई लोग जीवन में तब असफल होते हैं जब वे सफलता के करीब होते हैं लेकिन हार मान लेते हैं। ***–थॉमस ए. एडीसन***

4. असफलता फिर से शुरू करने का अवसर है, बस इस बार ज्यादा होशियारी से। ***–हेनरी फोर्ड***

5. असफलता सफलता की ओर अगला कदम है। ***–अल्बर्ट आइंस्टीन***

6. असफलता सफलता के विपरीत नहीं है; यह सफलता का एक हिस्सा है। ***–एरियाना हफिंगटन***

7. जिसने कभी गलती नहीं की उसने कभी कुछ नया करने की कोशिश नहीं की। ***–अल्बर्ट आइंस्टीन***

8. असफलता महत्त्वहीन है। स्वयं को मूर्ख बनाने के लिए भी साहस चाहिए। ***–चार्ली चैपलिन***

9. यदि आप बार–बार असफल नहीं हो रहे हैं, तो यह एक संकेत है कि आप कुछ भी नया नहीं कर रहे हैं। ***–वुडी एलेन***

10. सफलता, बिना उत्साह खोये एक विफलता से दूसरी विफलता की ओर जाने की प्रक्रिया है। ***–विंस्टन चर्चिल***

51

ईश्वर

1. मंदिरों में भगवान की प्रार्थना मुक्ति की ओर ले जाती है लेकिन राजनीति में यह तानाशाही की ओर ले जाती है। *–बी. आर. अंबेडकर*

2. 'संयोग' भगवान के गुमनाम रहने का तरीका है। *–आइंस्टीन*

3. दुनिया में इतने भूखे लोग हैं कि रोटी के अलावा उन्हें किसी और वस्तु में भगवान दिखाई नहीं देता। *–गाँधी*

4. ईश्वर ने युद्ध का निर्माण किया ताकि अमेरिकी भूगोल सीख सकें। *–मार्क ट्वेन*

5. मुझे लगता है कि ईश्वर ने मनुष्य का निर्माण करने में स्वयं की क्षमता का अनुमान अधिक लगाया। *–ऑस्कर वाइल्ड*

6. प्रार्थना का कार्य ईश्वर को प्रभावित करना नहीं है, बल्कि प्रार्थना करने वाले के स्वभाव को बदलना है। *–सोरेन कीर्केगार्द*

7. अगर आप जानना चाहते हैं कि भगवान पैसे के बारे में क्या सोचते हैं, तो केवल उन लोगों को देखें जिन्हें उसने पैसा दिया है। *–डोरोथी पार्कर*

8. ईश्वर ऐसा विदूषक है जो ऐसे लोगों को खेल दिखाता है जो हँसने से भी डरते हैं। *–वॉल्टेयर*

9. मैं उस ईश्वर में विश्वास नहीं कर सकता जो हर समय प्रशंसा चाहता है। *–फ्रेडरिक नीत्शे*

10. दैवीयता के बाद अगर किसी चीज का स्थान आता है तो वह है स्वच्छता। *–जॉन वेस्ली*

11. ईश्वर ने आज आपको 86,400 सेकेंड का तोहफा दिया है। क्या आपने उनमें से एक का भी प्रयोग 'धन्यवाद' देने के लिए किया? *–विलियम आर्थर वार्ड*

52

विकास

1. शक्ति और वृद्धि निरंतर प्रयास और संघर्ष से ही संभव हैं। *–नेपोलियन हिल*

2. अगर हम नहीं बदलते हैं, तो हम नहीं बढ़ते हैं। अगर हम नहीं बढ़ते, तो हम वास्तव में जीवित नहीं हैं। *–अनातोले फ्रांस*

3. स्वयं को पूर्ण बनाना सभी तरह की प्रगति और नैतिक विकास की आधारभूत आवश्यकता है। *–कन्फ्यूशियस*

4. विकास का सबसे शक्तिशाली सिद्धांत मानव विकल्प के चुनाव में निहित है। *–जॉर्ज इलियट*

5. सभी तरह का विकास अँधेरे में एक छलाँग है, एक सहज और बिना सोचे-समझे किया हुआ कार्य जिसमें अनुभव का लाभ भी नहीं मिलता। *–हेनरी मिलर*

6. हम उन लोगों के बीच सहज महसूस करते हैं जो हम से सहमत होते हैं और विकास उनके बीच जो हम से सहमत नहीं होते। *–फ्रैंक ए. क्लार्क*

7. जब तक आप कुछ ऐसा नहीं करते जिसमें आप निपुण न हों, आप आगे नहीं बढ़ सकते। *–राल्फ वाल्डो इमर्सन*

8. सभी परिवर्तन विकास नहीं हैं, जैसे सभी क्रियाएँ आगे बढ़ने का संकेत नहीं होतीं। *–एलेन ग्लासगो*

9. हर कोई पहाड़ की चोटी पर रहना चाहता है, लेकिन असली खुशी तब मिलती है जब आप ऊपर चढ़ रहे होते हैं। *–एंडी रूनी*

10. विकास तब शुरू होता है जब हम अपनी कमजोरी स्वीकार कर लेते हैं। *–जीन वैनियर*

ೋ೮೦

53

लालच

1. पृथ्वी हर व्यक्ति की जरूरतों की संतुष्टि के लिए पर्याप्त प्रदान करती है, लेकिन लालच के लिए नहीं। ***–गाँधी***

2. जो खुद के पास है, मनुष्य उन वस्तुओं से संतुष्ट नहीं होता इसलिए वह जो चाहता है उसे पाने पर भी संतुष्ट नहीं होगा। ***–सुकरात***

3. लोभ ने मनुष्य की आत्मा में जहर घोल दिया है। ***–चार्ली चैपलिन***

4. तीन महान शक्तियाँ दुनिया पर राज करती हैं: मूर्खता, भय और लालच। ***–अल्बर्ट आइंस्टीन***

5. यदि हम में से अधिकतर लोग भोजन और खुशी को जमा किए गए सोने से अधिक महत्त्व देते हैं तो यह दुनिया ज्यादा खुशहाल होगी। ***–जे. आर. आर. टॉल्किन***

6. आप जीवन में तब सफल होते हैं जब आप वास्तव में उन्हीं वस्तुओं की इच्छा करते हैं, जिनकी आपको जरूरत हो। ***–वर्नोन हावर्ड***

7. लालच के लिए यह सारी प्रकृति भी कम ही है। ***–सेनेका द यंगर***

8. यह लालच ही तो है जो केवल बोलना चाहता है, सुनना नहीं। ***–डेमोक्रिटस***

9. लालच को छोड़कर कोई भी चीज हमें अकेलेपन से ज्यादा कमजोर नहीं बनाती। ***–थॉमस हैरिस***

10. हम लालची होकर सब कुछ खतरे में डालने का जोखिम उठाते हैं। ***–जीन डे ला फोंटेन***

11. प्यार भरी जिंदगी और लालची होने के बीच एक बहुत महीन रेखा है। ***–माया एंजेलो***

54

महानता

1. एक चमकते सितारे को जन्म देने के लिए आपके भीतर बेचैनी का जूनून होना चाहिए। *–फ्रेडरिक नीत्शे*

2. एक अकेला व्यक्ति परिवर्तन ला सकता है, और हरेक को कोशिश करनी चाहिए। *–जॉन एफ. कैनेडी*

3. जो असफल होने का साहस रखते हैं वे बहुत कुछ हासिल कर सकते हैं। *–जॉन एफ. कैनेडी*

4. यदि मैं महान कार्य नहीं कर सकता, तो मैं छोटे–छोटे कार्य बढ़िया तरीकों से कर सकता हूँ। *–मार्टिन लूथर किंग*

5. बिजली गिरने तक कोई आवाज नहीं करती है। *–मार्टिन लूथर किंग*

6. हर कोई मशहूर नहीं हो सकता, लेकिन हर कोई महान बन सकता है क्योंकि आपका सेवा भाव आपको महान बनाता है। *–मार्टिन लूथर किंग*

7. एक व्यक्ति का आकलन इस बात से नहीं कि वह आराम और सुविधा के क्षणों में क्या करता है बल्कि चुनौती युक्त और विवादित क्षणों में वह क्या करता है, से होता है। *–मार्टिन लूथर किंग*

8. प्रतिभा 1% प्रेरणा, 99% श्रमजल है। *–थॉमस ए. एडीसन*

9. बिना जूनून के कोई भी महान व्यक्तित्व महान नहीं बन सकता। *–वॉल्टेयर*

10. महानता एक ऐसी यात्रा है जो असंभव से शुरू होती है और अविस्मरणीयता में परिवर्तित हो जाती है। *–मिगुएल टोरेस*

11. सामान्य ज्ञान अंत:वृत्ति है और उसका अधिक होना विद्वत्ता। *–जोश बिलिंग्स*

12. कृत्रिमता चापलूसी का सबसे ईमानदार रूप है ताकि सामान्यता श्रेष्ठता को भुगतान कर सके। ***–ऑस्कर वाइल्ड***

13. कोई भी व्यक्ति अभी तक अनुकरण से महान नहीं बना।

–सैमुअल जॉनसन

55

आभार

1. कृतज्ञता एक फूल है जो महान आत्माओं को सुशोभित करता है।
–पोप फ्रांसिस

2. कृतज्ञता, विश्वास की तरह, एक शक्ति है, जितना अधिक आप इसका प्रयोग करेंगे, यह उतनी ही अधिक शक्तिशाली बनेगी। *–एलन कोहेन*

3. कृतज्ञता हमें अतीत का बोध कराती है, आज के लिए शांति लाती है, और कल के लिए एक दृष्टि बनाती है। *–मेलोडी बेट्टी*

4. यदि आप अपने पूरे जीवन में केवल धन्यवाद देने के लिए ही प्रार्थना करते हैं, तो भी काफी होगा। *–मिस्टर एकार्ट*

5. पिगलेट ने ध्यान दिया कि भले ही उसका दिल दिखने में छोटा है लेकिन वह बड़ी मात्रा में कृतज्ञता धारण कर सकता है। *–ए.ए. मिल्ने*

6. कृतज्ञता को लबादे की तरह ओढ़ लो, वह आपके जीवन के हर एक कोने को संपन्न कर देगा। *–रूमी*

7. स्मृतियाँ जब मस्तिष्क की जगह हृदय में जमा हों, तभी वे कृतज्ञता हैं।
–लियोनेल हैम्पटन

8. आइए हम उन लोगों के प्रति आभारी रहें जो हमें प्रसन्नता देते हैं; वे ऐसे खुशमिजाज माली होते हैं, जो हमारी आत्मा को उन्नत करते हैं।
–मार्सेल प्राउस्ट

9. कृतज्ञता एक चुंबक की तरह है; आप जितने अधिक आभारी होंगे, उतने अधिक अवसर कृतज्ञ होने के निमित्त मिलेंगे। *–इयानला वंजांत*

10. सभी तरह के भावों में कृतज्ञता ज्ञापन का भाव सर्वाधिक महत्त्वपूर्ण और जीवन में परिवर्तन लाने वाला है। *–जिग जिग्लार*

56

शासन और सरकार

1. केवल भ्रष्टाचार से लड़ना सुशासन नहीं है। आत्मरक्षा व देशभक्ति भी सुशासन ही है। *–जो बाइडेन*

2. लोकतंत्र, सुशासन और आधुनिकता न तो बाहर से आयात की जा सकती है न ही थोपी जा सकती है। *–एमिल जमील लाहौद*

3. जो सरकार पीटर को लूटकर पॉल का भुगतान कर सकती है, ऐसी सरकार हमेशा पॉल के समर्थन पर निर्भर करती है। *–जॉर्ज बर्नार्ड शॉ*

4. कड़े फैसलों के लिए कभी भी अच्छा समय नहीं होता है। हमेशा चुनाव या कुछ और होता रहेगा। आपको साहस करके कड़े फैसले लेने होंगे। मुश्किल व अलोकप्रिय निर्णय लेने का नाम ही शासन है। *–जयराम रमेश*

5. कोई भी आदमी इतना अच्छा नहीं होता जो दूसरों की अनुमति के बिना उस पर शासन कर सके। *–अब्राहम लिंकन*

6. अगर लोग सिर्फ इसलिए अच्छे हैं क्योंकि वे सजा से डरते हैं और इनाम की आशा रखते हैं तो वास्तव में हम एक शोचनीय स्थिति में है। *–अल्बर्ट आइंस्टीन*

7. यह समय दुनिया, गोलार्द्ध और क्षेत्र के लिए सुनिश्चित करने का है कि नागरिक समाज से संबंधित संस्थान और प्रासंगिक कानून शासन तंत्र में ही अंतर्निहित हैं। *–बाल्डविन स्पेंसर*

8. किसी भी सरकार या उसके द्वारा पारित कानूनों के सम्मान के लिए इससे ज्यादा विनाशकारी कुछ भी नहीं है कि पारित होने के बावजूद कानून लागू न किया जा सके। *–अल्बर्ट आइंस्टीन*

9. अराजकता के बाद यदि इस दुनिया में कोई सबसे बुरी चीज है तो वह सरकार है। *–हेनरी वार्ड बीचर*

10. सरकार केवल सेवक है–एक अस्थायी सेवक; यह उसका विशेषाधिकार नहीं हो सकता कि वह निर्धारित करे कि क्या सही है और क्या गलत है, या तय करे कि कौन देशभक्त है और कौन नहीं। उसका कार्य आदेशों का पालन करना है न कि आदेशों का उद्भव करना। *–मार्क ट्वेन*

11. यदि सरकार इतनी सशक्त है कि आपको जो चाहे दे सकती है, तो वह इतनी सशक्त भी होती है कि वह आपका सब कुछ ले भी सकती है।

–जेराल्ड फोर्ड

12. यदि मनुष्य फरिश्ते हों, तो सरकार की कोई आवश्यकता ही न पड़े।

–जेम्स मैडिसन

13. शासन कानूनों का होता है, मनुष्यों का नहीं। *–जॉन एडम्स*

14. प्रजा में शासन के प्रति डर नहीं होना चाहिए। शासन को प्रजा का डर होना चाहिए। *–एलन मूर*

15. सरकार एक सजीव संगठन है। हर जीवित प्राणी की तरह उसमें अनुचित, अंधी जिजीविषा है। यदि तुम उसे मारोगे तो वह जवाबी हमला अवश्य करेगी।

–रॉबर्ट ए. हेनलेन

16. सरकार की नजर हर सामान्य जन पर है। *–जॉर्ज ऑरवेल*

17. जब मानव जाति को उसके हाल पर छोड़ दिया जाता है, तो वह अपनी सरकार के लिए अनुपयुक्त हो जाती है। *–जॉर्ज वाशिंगटन*

18. शासन करने से मना करने का सबसे भारी दंड, स्वयं से योग्य द्वारा शासित होना है। *–प्लेटो*

cg&o

57

लिंग समानता

1. लैंगिक समानता प्राप्त करने के लिए महिलाओं, पुरुषों, लड़कियों और लड़कों का इस आंदोलन में शामिल होना जरूरी है। यह सबकी जिम्मेदारी है।

–बान की मून

2. एक लिंग-समान समाज वह होगा जहाँ 'लिंग' शब्द मौजूद नहीं होगा, जहाँ हर कोई अपने मन मुताबिक जियेगा। ***–ग्लोरिया स्टीनेम***

3. हमने बेटियों को बेटों की तरह पालना शुरू कर दिया है लेकिन हम में से कुछ एक में ही साहस है कि वे अपने बेटों को बेटियों की तरह पालें।

–ग्लोरिया स्टीनेम

4. लैंगिक समानता अपने आप में एक लक्ष्य से बढ़कर है। यह गरीबी कम करने, सतत विकास को बढ़ावा देने और सुशासन के निर्माण की पूर्वशर्त है।

–कोफी अन्नान

5. जब परमेश्वर ने स्त्री और पुरुष का निर्माण किया तो वह सोच रहा था, 'मैं जन्म देने की शक्ति किसे दूँ?' और ईश्वर ने स्त्री को चुना यही इस बात का सबसे बड़ा सबूत है कि महिलाएँ शक्तिशाली हैं। ***–मलाला यूसुफजई***

6. हमारा अपने जीवन के वास्तविक नायकों और वीरांगनाओं को पहचानकर मान करना जरूरी है! ***–माया एंजेलो***

7. जो देश अपनी महिलाओं की क्षमताओं को कुचल देता है और अपने आधे नागरिकों को देश की प्रगति में योगदान नहीं देने देता, ऐसा देश कभी संपन्न नहीं हो सकता। ***–मिशेल ओबामा***

8. मैं ऊँची आवाज में इसलिए नहीं बोलती ताकि मैं चिल्लाकर अपनी बात पर जोर दे सकूँ बल्कि इसलिए कि पीड़ितों की बात सुनी जा सके। ***–मलाला यूसुफजई***

9. हमें तब तक स्वतंत्रता नहीं मिल सकती जब तक महिलाओं को सभी प्रकार के अत्याचारों से मुक्ति नहीं मिलती। ***–नेल्सन मंडेला***

58

घृणा

1. मेरे अनुसार घृणा ऐसी चीज है, ऐसी भावना है, जो केवल वहीं रहती है जहाँ समझ की कमी हो।
–टेनेसी विलियम्स

2. क्रोध एक खरपतवार है; घृणा एक वृक्ष है।
–सेंट ऑगस्टीन

3. अधिकांशतः घृणा किसी–न–किसी रूप में भय पर आधारित होती है।
–लॉरेल के. हैमिल्टन

4. यदि आप किसी व्यक्ति से घृणा करते हैं तो आप उसमें मौजूद किसी ऐसी चीज से घृणा करते हैं जो आपका हिस्सा है। जो आपका हिस्सा ही नहीं वह आपको परेशान नहीं करता।
–हरमन हेस्से

5. सबसे बड़ा दुश्मन वह है जिसके सिद्धांत नफरत में स्थापित हैं और इस प्रकार बहस से परे हैं।
–तोब्शा लर्नर

6. किसी मनुष्य को तुम्हें इतना नीचे न खींचने दो कि तुम उससे घृणा करो।
–मार्टिन लूथर किंग जूनियर

7. भय से क्रोध होता है, क्रोध से घृणा और घृणा कष्ट की ओर ले जाती है।
–योडा

8. नफरत का बोझ सहन करना बहुत भारी है। मैंने प्रेम करने का फैसला किया है।
–मार्टिन लूथर किंग जूनियर

9. हमारे पास बहुत–से धर्म हैं ताकि हम घृणा करें पर इतने धर्म नहीं कि प्रेम कर सकें।
–डेविड मिशेल

10. घृणा गुमराह करती है, डर तोड़–मरोड़ करता है और प्यार अंधा कर देता है।
–टिम लेबन

11. प्रेम के अतिरिक्त अन्य कुछ भी इतनी पीड़ादायक घृणा में नहीं बदलता।

-लॉरेल के. हैमिल्टन

12. नफरत डर का परिणाम है; घृणा करने से पहले हम किसी बात से डरते हैं; एक बच्चा जो आदमी की आवाज से घबराता है, बड़ा होकर उससे नफरत करता है।

-सिरिल कोनोली

13. जब हम नहीं जानते कि किससे नफरत करनी है, तो हम अपने आप से नफरत करते हैं। *-चक पालाह्नयुक*

14. जब हमारी नफरत बहुत ज्यादा होती है तो वह हमें उन मनुष्यों से नीचे रखती है, जिनसे हम नफरत करते हैं। *-रोशेफोकॉल्ड*

ᘓᘐ

59

आदत

1. हम वही हैं जो हम बार-बार करते हैं। उत्कृष्टता कार्य नहीं है, बल्कि एक आदत है। *-अरस्तु*

2. जल्दी सोना और जल्दी उठना मनुष्य को स्वस्थ, धनी और बुद्धिमान बनाता है। *-बेंजामिन फ्रैंकलिन*

3. आदत धागे के समान होती है। हम हर दिन धागा बुनते हैं और अंत में हम इसे तोड़ नहीं पाते हैं। *-होरेस मान*

4. एक आदमी जो अपनी आदतों को साझा नहीं कर सकता, उस आदमी को वे आदतें छोड़ने की जरूरत है। *-स्टीफन किंग*

5. मनुष्य के जीवन का दूसरा भाग कुछ और नहीं, पहले भाग में हासिल की हुई आदतों से बना होता है। *-फ्योदोर दोस्तोएव्स्की*

6. आदतों की जंजीर इतनी हल्की होती है कि तब तक महसूस नहीं होती जब तक उन्हें तोड़ना भारी नहीं पड़ता। *-वारेन बफेट*

7. पहले हम आदतें बनाते हैं और फिर आदतें हमे बनाती हैं। *-वाल्टर मैथ्यूज*

8. थीस्ल के काँटेदार पौधों और आदतों को उखाड़ फेंकने से ज्यादा आसान उन्हें उगने से रोकना है। *-ऑस्टिन ओ 'माली*

9. आदतें और दिनचर्या ही शून्य जैसे दिखने वाले जीवन को भी उद्देश्यपूर्ण रूप में प्रस्तुत करते हैं। *-जीनेट विंटरसन*

10. आदत का कंकाल ही इंसान के ढाँचे को सँभाले रखता है। *-वर्जीनिया वुल्फ*

11. अराजकता अक्सर जीवन को जन्म देती है, जबकि नियम आदतों को। *-हेनरी एडम्स*

60

शौक

1. दिन का कोई एक शौक उदासी दूर रखता है। *–फिलिस मैकगिनले*

2. मेरा एक ही शौक है आलस्य, जो स्वाभाविक रूप से अन्य सभी रुचियों पर राज करता है। *–अज्ञात*

3. आपको जिसमें रुचि है, उसे ढूँढ़ें और उसे आपका विनाश करने दें। *–चार्ल्स बुकोवस्की*

4. शौक उन लोगों के लिए होते हैं जिन्हे वह काम पसंद नहीं आता, जो वे कर रहे हैं। *–स्टेफन सैगमिस्टर*

5. शौक संभोग की तरह होते हैं, जितना समय गतिविधि के बारे में सोचने में बिताया, वह करने से बेहतर है। *–स्टीवन एम. गेल्बेर*

6. सभ्य समाज में जुनून को शौक कहा जाता है। *–स्टीफन किंग*

7. हम जीवन में उस मुकाम पर भी पहुँच जाते हैं जहाँ हमारा पेशा हमारा शौक बन जाता है। *–रॉबर्ट एंडरसन*

8. मुझे कोई शौक नहीं हैं; शौक खर्चीला होता है बस कुछ कामों में रुचि है। *–जॉर्ज कार्लिन*

9. किसी भी खा जाने वाले शौक को आदत के रूप में अपनाने से पहले सावधान रहें, इसे अपनी अन्य अच्छी आदतों पर हावी न होने दें नहीं तो यह आपका समय बर्बाद करेगा। *–बेंजामिन फ्रैंकलिन*

10. बिना प्रतिबद्धता के, आप किसी बात को गहराई से नहीं देख सकते चाहे वह संबंध हो, व्यवसाय या शौक। *–नील स्ट्रॉस*

61

उपचारात्मक

1. जिसे तुम खोज रहे हो वह तुम्हें खोज रहा है।

   –मौलाना जलाल-अल-दीन रूमी

2. शोक मत करो। आप जो कुछ भी खोते हैं वह किसी अन्य रूप में आपके पास आता है। *–रूमी*

3. घाव वह जगह है जहाँ से प्रकाश आप में प्रवेश करता है। *–रूमी*

4. अगर आप हर रगड़ से चिढ़ जाते हैं, तो आपका दर्पण चमकेगा कैसे?

   –रूमी

5. यदि आप अपने आप में संतुलन बहाल करते हैं, तो आप दुनिया के उपचार में अत्यधिक योगदान दे रहे हैं। *–दीपक चोपड़ा*

6. जब करुणा और प्रेम की ऊर्जा स्पर्श करती है तो उपचार अपने आप होने लगता है। *–नहत हान्ह*

7. हम में से प्रत्येक के भीतर प्राकृतिक उपचार शक्ति है, वह ठीक होने की सबसे बड़ी ताकत है। *–हिप्पोक्रेट्स*

8. हमारे दुख और घाव तभी भरते हैं जब हम उन्हें करुणा से स्पर्श करें।

   –गौतम बुद्ध

9. जब-जब भी हो सके, हमेशा हँसें। यह सस्ती दवा है। *–लॉर्ड बायरन*

10. आपका ठीक होना, दूसरों के उपचार से जुड़ा है। *–योको ओनो*

62

इंसानियत

1. आपको मानवता में विश्वास नहीं खोना चाहिए। मानवता एक सागर की तरह है; अगर सागर की कुछ बूँदें गंदी हैं, तो भी सागर गंदा नहीं होता। *–गाँधी*

2. कुछ भी करने से पहले रुकें और किसी गरीब और सबसे असहाय व्यक्ति के चेहरे को याद कर खुद से सवाल करें, "क्या जो मैं करने जा रहा हूँ, उससे किसी गरीब की मदद होगी?" *–गाँधी*

3. हमारे धर्म अलग–अलग हो सकते हैं, भाषाएँ विविध हो सकती हैं, हमारी काया के रंग अलग हो सकते हैं लेकिन हम सब एक ही मानव जाति का हिस्सा हैं। *–कोफी अन्नान*

4. प्रेम और करुणा आवश्यकताएँ हैं, विलासिता नहीं। इनके बिना मानवता जीवित नहीं रह सकती। *–दलाई लामा*

5. मेरी मानवता आप से जुड़ी है क्योंकि हम साथ मिलकर ही मानव हो सकते हैं। *–डेसमंड टूटू*

6. विज्ञान देश या विदेश को नहीं जानता, क्योंकि ज्ञान की मशाल मानवता से जुड़ी है जो विश्व को रोशन करती है। *–लुई पाश्चर*

7. मानवता को नहीं मालूम कि वह किस ओर जा रही है जिससे वह अपना रास्ता ढूँढ़ने में सक्षम हो जाए। *–ऑस्कर वाइल्ड*

8. अगर हमारे आँसू हमें अच्छे कार्य करने को प्रेरित नहीं करते तो हम मानव के रूप में हार चुके हैं क्योंकि करुणा ही मानव होने की पहचान है। *–दलाई लामा*

9. जीवन का एकमात्र अर्थ मानवता की सेवा है। *–लियो टॉल्स्टॉय*

10. यह भयावह रूप से स्पष्ट हो गया है कि प्रौद्योगिकी ने मानवता से ज्यादा महत्त्व पा लिया है। *–अल्बर्ट आइंस्टीन*

63

आशा

1. अंधकार को कोसने की बजाय, आशा का दीप जलाएँ। *–बेंजामिन फ्रैंकलिन*

2. निराशा सीमित होती है, हमें यह सोचकर उसे स्वीकार करना चाहिए, लेकिन आशा अनंत होती है, उसे कभी न खोएँ। *–मार्टिन लूथर किंग*

3. ईश्वर करे आपके चुनाव आपकी आशाएँ दर्शाएँ न कि आपके डर। *–नेल्सन मंडेला*

4. आशा अदृश्य को देखती है, अमूर्त को महसूस करती है, और असंभव को प्राप्त करती है। *–हेलेन केलर*

5. आशा शांति की तरह है। यह ईश्वर का उपहार नहीं है, बल्कि एक ऐसा उपहार है जो केवल हम ही एक–दूसरे को दे सकते हैं। *–एली विसेल*

6. अपनी आशाओं को, न कि अपने दुखों को अपने भविष्य को आकार देने दें। *–रॉबर्ट एच. शुलर*

7. एक बार जब आप आशा चुन लेते हैं, तो कुछ भी संभव है। *–क्रिस्टोफर रीव*

8. जो महत्त्व प्राणवायु का फेफड़ों के लिए है, जीवन में वही महत्त्व आशा का है। *–एमिल ब्रूनर*

9. याद रखें, आशा एक अच्छी चीज है, सभी चीजों में शायद सबसे अच्छी और कोई भी अच्छी चीज कभी नहीं मरती। *–स्टीफन किंग*

10. एक नेता आशा का व्यापारी होता है। *–नेपोलियन बोनापार्ट*

64

स्वास्थ्य

1. स्वास्थ्य ही वास्तविक धन है, सोने-चाँदी के टुकड़े नहीं। *-महात्मा गाँधी*

2. स्वास्थ्य और धन का सापेक्षिक मूल्य इस बात पर निर्भर करता है कि आपने क्या खोया है। *-इवान एसार*

3. आपको अच्छे स्वास्थ्य को एक शौक बनाने की जरूरत है। *-जैक लालेन*

4. स्वस्थ नागरिक किसी भी देश की सबसे बड़ी संपत्ति होते हैं। *-विंस्टन चर्चिल*

5. स्वास्थ्य प्राथमिक धन है। *-राल्फ वाल्डो इमर्सन*

6. स्वास्थ्य ही मेरा अपेक्षित स्वर्ग है। *-जॉन कीट्स*

7. अच्छे स्वास्थ्य की तसवीर के लिए एक सुखद मन-मस्तिष्क की आवश्यकता होती है। *-इवान एसार*

8. मनुष्य के लिए कठिनाइयाँ जरूरी हैं; वे स्वास्थ्य के लिए आवश्यक हैं। *-कार्ल जुंग*

9. यदि किसी युवा को कर्तव्यों की सूची बनानी पड़े तो स्वास्थ्य पहले स्थान पर होना चाहिए; उसके महत्त्व को स्वीकारने में अतिशयोक्ति नहीं होगी क्योंकि मानव को जीवन का आनंद लेना है तो स्वास्थ्य निस्संदेह रूप से अपरिहार्य है। *-होरेस मान*

65

ईमानदारी और सत्यनिष्ठा

1. एक ईमानदार आदमी भगवान की सबसे अच्छी कृति है। *–अलेक्जेंडर पोप*

2. साहस और प्रामाणिकता का मेल चरित्र की नींव है। *–ब्रायन ट्रेसी*

3. किसी भी दोगले और चालाक मनुष्य को स्पष्टवक्ता और प्रामाणिक व्यक्ति से अधिक कोई भ्रमित नहीं कर सकता। *–चार्ल्स कालेब कोल्टन*

4. ईमानदार होने के इच्छुक व्यक्ति से बढ़कर कोई चीज नहीं–इसमें उतनी ही सच्चाई है जितनी कि अंधे व्यक्ति में आँखें होने की लालसा। *–एफ. स्कॉट फिट्जगेराल्ड*

5. किसी चीज पर विश्वास कर लेना लेकिन उस सिद्धांत का पालन न करना, इससे बड़ी कोई बेईमानी नहीं। *–गाँधी*

6. सच्चे रहो! सही काम करने में कभी शर्म महसूस न करो; निर्णय करो कि तुम किसे सच मानते हो और फिर उस पर अडिग रहो। *–जॉर्ज इलियट*

7. जो यह कहते हैं कि ईमानदार व्यक्ति होते ही नहीं, वास्तव में खुद धूर्त होते हैं। *–जॉर्ज बर्कले*

8. मुझे आशा है कि मैं अपने जीवन में दृढ़ता और सद्‌गुणों को अपना सकूँगा ताकि सभी गुणों में श्रेष्ठ ईमानदारी को अपने चरित्र में सर्वोच्च स्थान पर रखूँ। *–जॉर्ज वाशिंगटन*

9. हमें दुनिया को ईमानदार बनाना पड़ेगा तभी हम अपने बच्चों को ईमानदारी से कह सकेंगे कि 'ईमानदारी ही सर्वोत्तम नीति है।' *–जॉर्ज बर्नार्ड शॉ*

10. जो व्यक्ति वादा करने में सबसे देर करेगा, वह वचन निभाने में सर्वाधिक ईमानदार होगा। *–रूसो*

11. अगर आप सच बोलते हैं, तो आपको याद नहीं रखना पड़ता। ***–मार्क ट्वेन***

12. 'ईमानदारी ही सर्वोत्तम नीति है।' ***–मार्क ट्वेन***

13. मैं किसी भी चीज से अपने आपको वंचित नहीं कर सकता और न करूँगा क्योंकि अपनी अंतरात्मा के विरुद्ध जाना न तो ठीक है और न ही सुरक्षित। जहाँ मैं आज हूँ, इसके अलावा मैं कुछ नहीं कर सकता। इसलिए ईश्वर मेरी मदद करो। एवमस्तु! ***–मार्टिन लूथर***

14. चरित्र की वास्तविक अखंडता इस बात में है कि आप तब सही काम करें जब आपको यह पता है कि यह कोई नहीं जान सकेगा कि आपने सही काम किया या गलत। ***–ओपरा विनफ्रे***

15. अंत में खुद के मस्तिष्क की अखंडता के अलावा कुछ भी पवित्र नहीं होता। ***–राल्फ वाल्डो इमर्सन***

16. विपरीत परिस्थितियों में चरित्र की अखंडता बनाए रखने के लिए किसी पर भी भरोसा नहीं किया जा सकता। ***–राल्फ वाल्डो इमर्सन***

17. बिना ज्ञान के अखंडता कमजोर और बेकार है तथा बिना चरित्र की अखंडता के ज्ञान खतरनाक और विनाशकारी है। ***–सैमुअल जॉनसन***

18. ज्ञान की पुस्तक का पहला अध्याय ईमानदारी है। ***–थॉमस जेफरसन***

19. जो अपमान को चुनौती देने का साहस नहीं कर सकता, वह कभी ईमानदार नहीं हो सकता। ***–थॉमस पेन***

20. कोई भी विरासत ईमानदारी से अधिक समृद्ध नहीं हो सकती। ***–विलियम शेक्सपियर***

21. महोदय! सच कहूँ तो, यह दुनिया जैसे चलती है, हजारों में कोई एकाध ही ईमानदार होता है। ***–विलियम शेक्सपियर***

22. ईमानदार होना अच्छा है, लेकिन सही होना भी महत्त्वपूर्ण है। ***–विंस्टन चर्चिल***

66

खुशी

1. सुखी जीवन और शांतिपूर्ण समाज का सार एक वाक्य में निहित है –"मैं क्या दे सकता हूँ ?"
–ए. पी. जे. अब्दुल कलाम

2. यदि आप इस बात पर अनुसंधान करते रहेंगे कि खुशी कैसे मिलेगी तो आप कभी खुश नहीं हो पाएँगे। यदि जीवन के अर्थ की तलाश में भटकोगे तो कभी जी नहीं पाओगे।
–अल्बेयर कामू

3. जो हृदय झुक सकते हैं; वे धन्य हैं; वे कभी टूटेंगे नहीं।
–अल्बेयर कामू

4. मानव सुख और नैतिक कर्तव्य अविभाज्य रूप से जुड़े हुए हैं।
–जॉर्ज वाशिंगटन

5. हमेशा सोच, शब्द और कर्म में सामंजस्य बनाए रखने का लक्ष्य रखें। हमेशा अपने विचारों को पवित्र रखने का लक्ष्य रखें तो सब कुछ ठीक होगा *–गाँधी*

6. खुशी तब होती है जब आपकी सोच, बोल और आपके कार्य में सामंजस्य हो।
–गाँधी

7. शांति का अपना प्रतिफल होता है। *–गाँधी*

8. कहा हुआ सच सबसे बड़ी खुशी और वही सही–गलत का मापदंड होता है।
–जेरेमी बेंथम

9. खुद को खुश करने का सबसे अच्छा तरीका किसी और को खुश करने की कोशिश करना है।
–मार्क ट्वेन

67

अज्ञान

1. केवल एक अच्छा ज्ञान और एक शैतानी स्तर का अज्ञान होता है। *–सुकरात*

2. अज्ञान में आनंद है। *–थॉमस ग्रे*

3. आधुनिक दुनिया में परेशानी का प्रमुख कारण है कि दुनिया में मूर्ख लोग स्वयं के बारे में निश्चित होते हैं जबकि बुद्धिमान लोग संदेह से भरे हुए। *–बर्ट्रेंड रसेल*

4. सबसे बड़ा अज्ञान इस बात में है कि आप किसी बात को बिना जाने अस्वीकार कर देते हो। *–वेन डायर*

5. झूठे ज्ञान से सावधान रहें; यह अज्ञानता की तुलना में अधिक खतरनाक है। *–जॉर्ज बर्नार्ड शॉ*

6. अज्ञानी होना इतने शर्म की बात नहीं है, जितना कि सीखने को तैयार न होना। *–बेंजामिन फ्रैंकलिन*

7. खोज में सबसे बड़ी बाधा अज्ञानता नहीं है, ज्ञान होने का भ्रम है। *–डैनियल जे. बरस्टिन*

8. गलत साबित होने पर बुद्धिमान व्यक्ति स्वयं में सुधार लाएगा जबकि अज्ञानी बहस करता रहेगा। *–अली इब्न अबी तालिब*

9. अज्ञानता में कार्य करने से अधिक भयावह कुछ भी नहीं है। *–जोहान वोल्फगैंग वॉन गोएथे*

10. तर्क स्वयं का अनुपालन करता है, जबकि अज्ञान जैसा कहा जाए वैसा करता है। *–थॉमस पेन*

11. जितना अज्ञान होगा उतनी ही बड़ी हठधर्मिता होगी। *–विलियम ओस्लर*

68

समावेशी विकास

1. सुरक्षा के बिना आपको शांति नहीं मिल सकती और बिना समावेशी विकास के आप सुरक्षित महसूस नहीं कर सकते। ***–कोफी अन्नान***

2. जब किसी कार्य में सभी शामिल होते हैं तो सभी जीतते हैं। ***–जेसी जैक्सन***

3. कार्यस्थल में समावेशन और निष्पक्षता...यह केवल सही नहीं, चतुरता भी है। ***–एलेक्सिस हरमन***

4. आर्थिक विकास का कोई मतलब नहीं है जब तक कि वह समावेशी विकास न हो। ***–जॉन ग्रीन***

5. हमारे पास हर चीज का अंतरजाल है लेकिन हर व्यक्ति का समावेश नहीं। ***–अजयपाल सिंह बंगा***

6. अगर हम समावेशी समुदाय का निर्माण नहीं करेंगे तो हम हिंसा को कभी खत्म नहीं कर सकते। ***–हिलेरी क्लिंटन***

7. सरकारें समावेशिता में वृद्धि करके विकास कर सकती हैं। किसी भी देश के सबसे मूल्यवान संसाधन इसके लोग होते हैं। अत: यह सुनिश्चित करना आवश्यक है कि हर कोई अपनी क्षमता के अनुसार कार्य करे और उसके लिए आवश्यक है कि सभी को शिक्षा के अवसर मिलें। ***–जोसेफ स्टिग्लिट्ज***

69

भारत

1. भारत एक जीवित वृक्ष के समान है। इसने उम्र के साथ-साथ कई पुराने छाल उतार दिए और कुछ नए ओढ़ लिए, किन्तु भारतीय वृक्ष शाश्वत है।

–स्वामी रंगनाथानंद

2. भारत एक भौगोलिक शब्द है। अब यह केवल भूमध्य रेखा भर है, एकजुट राष्ट्र नहीं। *–विंस्टन चर्चिल*

3. युगों का प्राचीन भारत अभी मरा नहीं है और न ही उसने अपने आखिरी रचनात्मक शब्द का उच्चारण किया है; वह जीवित है और अपने लिए एवं अपने लोगों के लिए कुछ करना चाहता है। *–श्री अरबिंदो*

4. अन्य देशों में मैं एक पर्यटक के रूप में जा सकता हूँ, लेकिन भारत मैं एक तीर्थयात्री के रूप में आता हूँ। *–मार्टिन लूथर किंग जूनियर*

5. भारत में हम मतभेदों में समानता का जश्न मनाते हैं। यह रक्त से ज्यादा अपनेपन की भूमि है। *–शशि थरूर*

6. भारत के चेहरे पर कोमल भाव हैं जिन पर सृष्टिकर्ता के हाथ की छाप है।

–जॉर्ज बर्नार्ड शॉ

7. भारत सनातन धर्म के कारण ही भारत है। इस धर्म ने उसे कई संभावित तूफानों से बचा रखा है और साथ ही देश की एकता को बनाए रखा है जबकि यहाँ विभिन्न प्रकार की भाषा, खान-पान की आदतें और पहनावा है। *–श्री सत्य साईं बाबा*

8. अगर अमेरिका विभिन्न संस्कृतियों, लोगों व विचारों के आदान-प्रदान का गढ़ है तो भारत वह बहुमूल्य थाली है जहाँ विभिन्न प्रकार के व्यंजन अलग-अलग प्यालों में सजे हैं। हर किसी का स्वाद अलग है और उसे दूसरे के साथ मिलाया नहीं जा सकता है लेकिन वे उसी एक थाली (देश) का हिस्सा हैं। *–शशि थरूर*

9. भारत ने सांस्कृतिक रूप से चीन पर विजय प्राप्त की और लगभग 20 शताब्दियों तक उस पर प्रभुत्व बनाए रखा और वह भी बिना एक भी सिपाही सीमा पार भेजे।

–हू शिह

10. भारत अपूर्ण महानता का देश है। इसकी क्षमताएँ, इस्तेमाल के बिना, बेकार-सी पड़ी हैं।

–ली कुआन यू

11. भारत में 2,000,000 देवता हैं, और भारत उन सभी की पूजा करता है। धर्म के मामले में भारत करोड़पति और अन्य सभी देश दरिद्र हैं।

–मार्क ट्वेन

12. भारत का कई बार जन्म और पुनर्जन्म हुआ है और उसका फिर से जन्म होगा। भारत हमेशा के लिए है और हमेशा निर्मित होता रहेगा।

–शशि थरूर

70

असमानता

1. मेरा मानना है कि दुनिया की लगभग सभी समस्याएँ किसी-न-किसी तरह की असमानता से आती हैं। *-अमर्त्य सेन*

2. प्रगति को धन की समृद्धि से ज्यादा अभावों को कम करने के प्रयत्नों से प्रशंसनीय रूप से आँका जाता है। *-अमर्त्य सेन*

3. एक राष्ट्र नैतिक या आर्थिक रूप से जीवित नहीं रहेगा, जब तक कुछ एक के पास बहुत कुछ और बहुतों के पास बहुत कम है। *-बर्नी सैंडर्स*

4. तब तक शांति नहीं हो सकती जब तक जीवन के लिए कष्टकारी दरिद्रता और सामाजिक असमानता है, उत्पीड़न और पर्यावरण निम्नीकरण है और जब तक छोटे और कमजोर शक्तिशाली और सत्ताधारियों के उत्पीड़न का शिकार होते रहेंगे। *-दलाई लामा*

5. हमारी प्रगति की परीक्षा यह नहीं है कि जिनके पास संपत्ति है, उनकी संपत्ति में हम कितना योगदान देते हैं बल्कि इसमें है कि जिनके पास बहुत कम है उन्हें हम क्या और कितना देते हैं। *-फ्रैंकलिन डी. रूजवेल्ट*

6. असमानता सामाजिक बुराई की जड़ है। *-पोप फ्रांसिस*

7. असमानता का सबसे खराब रूप समान चीजों को समानता के स्तर पर लाना है। *-अरस्तु*

8. वास्तविक दुर्भाग्य निर्भरता नहीं, असमानता है। *-वॉल्टेयर*

9. सभी प्रकार की असमानताओं में स्वास्थ्य देखभाल में अन्याय सबसे चौंकाने वाला और अमानवीय है। *-मार्टिन लूथर किंग जूनियर*

10. असमानता प्रगति को बढ़ावा देती है। *-जेम्स कुक*

71

अखंडता

1. चरित्र की वास्तविक अखंडता इस बात में है कि आप तब सही काम करें जब आपको यह पता है कि यह कोई नहीं जान सकेगा कि आपने सही काम किया या गलत। *–ओपरा विनफ्रे*

2. अंत में आपके अपने मन–मस्तिष्क की अखंडता से पवित्र कुछ भी नहीं। *–राल्फ वाल्डो इमर्सन*

3. विपरीत परिस्थितियों में चरित्र में अखंडता बनाए रखने के लिए किसी पर भी भरोसा नहीं किया जा सकता। *–राल्फ वाल्डो इमर्सन*

4. बिना ज्ञान के अखंडता कमजोर और बेकार है तथा बिना चरित्र की अखंडता के ज्ञान खतरनाक और विनाशकारी है। *–सैमुअल जॉनसन*

5. हमेशा अपने प्रति सच्चे रहें। कुछ लोगों को यह पसंद आएगा और कुछ लोगों को नहीं पर जिंदगी चलती रहेगी। *–कारमेलो एंथोनी*

6. हमारी अखंडता तब तक अमूल्य नहीं होती जब तक उसे बनाए रखने के लिए हम अपना बाकी सब कुछ त्याग नहीं देते। *–चार्ल्स कालेब कोल्टन*

7. किसी विचार के समर्थन में हर तरह से डटे रहना अखंडता है। *–आयन रैंड*

8. आपके शस्त्रागार में अखंडता सबसे महत्त्वपूर्ण उपकरण है। *–जिग जिग्लार*

9. हर मनुष्य को स्वयं को अपनी ही अखंडता के आवरण में लपेटना चाहिए। *–होरेस*

10. व्यक्तिगत सत्यनिष्ठा पर मानवता का भाग्य टिका है। *–बकमिंस्टर फुलर*

11. युवावस्था में सत्यनिष्ठा का होना, बुढ़ापे में ज्ञान और सम्मान बनता है। *–एच. डब्ल्यू शॉ*

12. वचनों और कार्यों में समग्रता चरित्र की रीढ़ है। *–सैमुअल स्माइल्स*

13. सत्यनिष्ठ लोग अगर कोई राय अपना लेते हैं, तो उसके प्रति बहुत हठी होते हैं। *–विलियम कोबेट*

14. जो मनुष्य समग्रता और न्याय भरे मूल्यों का जीवन जीता है, उसके बच्चे, उसकी मृत्यु के बाद सुखी जीवन जीते हैं। *–बाइबल*

ঔষ

72

बुद्धि

1. स्वयं को धोखा देने का निश्चित तरीका, दूसरों की तुलना में स्वयं को अधिक चतुर समझना है। *–रोशेफोकॉल्ड*

2. मैं न केवल अपने दिमाग का हर तरह से प्रयोग करता हूँ बल्कि दूसरों से भी सीखता हूँ। *–वुडरो विल्सन*

3. जब भ्रम की आवश्यकता अधिक गहरी हो तो बुद्धिमत्ता का बड़ी मात्रा में निवेश किया जा सकता है। *–सॉल बेलो*

4. उच्च श्रेणी की बुद्धि का परीक्षण करने की क्षमता है कि आप किस तरह दो विरोधी विचारों को एक ही समय मस्तिष्क में रखकर, दिमाग प्रयोग करने की क्षमता बनाए रखते हैं। *–एफ. स्कॉट फिट्जगेराल्ड*

5. दिमाग होना, पैरों पर छाले होने से बचाता है। *–केन अलस्टाड*

6. आपको आपके बुद्धिमान होने का तब तक एहसास नहीं होता है जब तक आपकी बुद्धिमानी आपको परेशानी में नहीं डालती। *–जेम्स बाल्डविन*

7. क्या आप नहीं देख पाते कि जब आप बुद्धिमत्ता को अपनी आत्मा बना लेते हैं तो वह दर्द और मुसीबतों की कितनी बड़ी दुनिया आपको देती है? *–जॉन कीट्स*

8. प्रकृति कभी भी बुद्धि से कोई अपेक्षा नहीं करती जब तक अन्त:प्रेरणा और आदतें व्यर्थ न हों। जहाँ परिवर्तन की अपेक्षा न हो, वहाँ विद्वत्ता का क्या फायदा? *–एच. जी. वेल्स*

9. हमें इस बात का ध्यान रखना चाहिए कि हम बुद्धि को अपना परमेश्वर न बनाएँ। बेशक, उसमें ताकत है, लेकिन उसका कोई व्यक्तित्व नहीं। *–अल्बर्ट आइंस्टीन*

10. आधुनिक दुनिया में परेशानी का प्रमुख कारण यह है कि दुनिया में मूर्ख लोग स्वयं के बारे में निश्चित जबकि बुद्धिमान लोग संदेह से भरे हुए होते हैं।

–बर्ट्रेंड रसेल

11. इंद्रियों की हानि दुनिया की सुंदरता को बढ़ा देती है जितना कि उनकी प्राप्ति।

–मार्सेल प्राउस्ट

12. प्रज्ञा तभी फलती–फूलती है जब विश्वास जाता है। *–एमिल सियोरान*

13. समझ, उद्भावना, दिशा और आलोचनाः बुद्धि इन चारों शब्दों में समाहित है।

–अल्फ्रेड बिने

73

इंटरनेट

1. अगर टेलीविजन दाई है, तो इंटरनेट नशा किया हुआ पुस्तकालय का अध्यक्ष, जो कभी चुप नहीं होगा। *–डोरोथी गैम्ब्रेल*

2. इंटरनेट एक बहुत ही अकेली जगह है। *–पीयूष रोहनकर*

3. साइबरस्पेस–एक सहमतिजन्य मतिभ्रम है जो अरबों लोगों द्वारा प्रतिदिन अनुभव किया जाता है। *–विलियम गिब्सन*

4. मैं अपने युग की रचना हूँ: इसलिए अगर कुछ इंटरनेट पर उपलब्ध नहीं है तो मैं यह मानकर चलता हूँ कि यह जानने योग्य नहीं है। *–जोएल हेंग हट्र्स*

5. इंटरनेट रोजमर्रा के जीवन जैसा है: यह अवसर और खतरे, दोनों को जन्म देता है। *–एल्जा डंकल्स*

6. बहुत से लोग भूल जाते हैं कि इंटरनेट एक दोतरफा राह है। जब आप इंटरनेट से जुड़ते हैं, तो वह भी आपसे जुड़ता है। *–डगलस श्वित्जर*

7. अगली शताब्दी में, पृथ्वी ग्रह इलेक्ट्रॉनिक आवरण ओढ़ लेगा। वह इंटरनेट का उपयोग अपनी संवेदनाओं का समर्थन और संचार करने के लिए मंच के रूप में करेगा। यह आवरण मनुष्य के साथ पहले से ही सिला जा चुका है। *–नील ग्रॉस*

8. इंटरनेट से ली गई जानकारी फास्ट फूड की तरह है–त्वरित, सराहना में आसान और सुविधाजनक। *–कार्ल ब्रिजेस*

9. इंटरनेट पहली चीज है जिसे मानव ने बनाया है लेकिन मानवता उसे समझने में विफल है। यह अराजकता के इतिहास में अब तक का सबसे बड़ा प्रयोग है। *–एरिक श्मिट*

10. इंटरनेट से दूर जाने की कामना करना बिजली और जल निकासी की व्यवस्था के बिना दुनिया की कल्पना करना है। *–जे जॉर्डन*

74

कल्पना

1. कल्पना ज्ञान से ज्यादा महत्त्वपूर्ण है। ज्ञान सीमित होता है। कल्पना दुनिया को अपने में समेट लेती है। *–आइंस्टीन*

2. मेरे पास कोई विशेष प्रतिभा नहीं है। मैं केवल बेइंतेहा जिज्ञासु हूँ। *–आइंस्टीन*

3. सपने हमारे चरित्र की कसौटी होते हैं। *–हेनरी डेविड थॉरो*

4. यह दुनिया हमारी कल्पना को साकार करने का चित्रफलक मात्र है। *–हेनरी डेविड थॉरो*

5. कल्पना अक्सर हमें उस दुनिया में ले जाती है जो कभी अस्तित्व में ही नहीं थी लेकिन बिना कल्पना के हम जी भी नहीं सकते। *–कार्ल सैगन*

6. बुद्धि का सही लक्षण ज्ञान नहीं बल्कि कल्पना है। *–अल्बर्ट आइंस्टीन*

7. आमतौर पर कल्पना को ही पहले ठेस पहुँचती है, हृदय की बजाय, जबकि हृदय अधिक संवेदनशील होता है। *–हेनरी डेविड थॉरो*

8. कल्पना ही निर्मिति का आरंभ है। *–जॉर्ज बर्नार्ड शॉ*

9. विज्ञान के क्षेत्र में हर महान प्रगति कल्पना की उद्दंडता से निर्मित हुई है। *–जॉन डीवी*

10. रात में सपने देखने वालों से ज्यादा जानकार वे होते हैं जो दिन में सपने देखते हैं। *–एडगर एलन पो*

75

विचार

1. विचार बंदूक से ज्यादा शक्तिशाली होते हैं। हम दुश्मनों को बंदूकें नहीं देंगे, तो अपने विचार क्यों दें। ***–जोसेफ स्टालिन***

2. आप एक आदमी को मार सकते हैं, लेकिन आप एक विचार को नहीं मार सकते। ***–मेडगर एवर्स***

3. एक व्यक्ति मर सकता है, राष्ट्र उठ और गिर सकते हैं, लेकिन एक विचार हमेशा जीवित रहता है। विचारों में अत्यंत धैर्य होता है। ***–जॉन एफ. कैनेडी***

4. एक साधारण विचार जो उत्साह उत्पन्न करता है, वह उस महान विचार से भी ज्यादा आगे तक जाता है जो किसी को प्रेरित न करे। ***–मैरी के एश***

5. लोगों के बारे में कम और उनके विचारों के बारे में अधिक जिज्ञासु बनें। ***–मैरी क्यूरी***

6. रचनात्मकता संक्रामक होती है; इसे फैलने दें। ***–अल्बर्ट आइंस्टीन***

7. कठिनाई नए विचारों में नहीं, पुराने विचारों से भागने में है। ***–जॉन मेनार्ड कीन्स***

8. एक व्यवसाय अन्य लोगों का जीवन बेहतर बनाने की योजना और विचार होता है। ***–रिचर्ड ब्रैनसन***

9. इस मुखौटे के नीचे मांस से कुछ बढ़कर है, एक विचार है क्रीडी महोदय, और विचार गोलियों से नहीं मरते। ***–V–फॉर वेदांता (फिल्म)***

10. कई बार एक नई तकनीक, एक पुरानी समस्या, और एक बड़ा विचार एक नवाचार में बदल जाता है। ***–डीन कामेन***

11. निराशा वह ईंधन है जो रचनात्मक और उपयोगी विचार के विकास में सहभागी होती है। ***–मार्ले डायस***

76

ईर्ष्या-द्वेष

1. ईर्ष्यालु दूसरों के लिए कष्टदायक, लेकिन खुद के लिए पीड़ा होते हैं।
-विलियम पेन

2. प्रेम मृत्यु के समान बलवान है; ईर्ष्या कब्र के सामान क्रूर। *-बाइबल*

3. जो ईर्ष्या की जड़ों को नष्ट कर देते हैं, वे मानसिक रूप से हमेशा शांत रहते हैं।
-बुद्ध

4. ईर्ष्या हमेशा प्यार से पैदा होती है, लेकिन प्रेम के साथ नहीं मरती।
-फ्रांकोइस डी ला रोशेफोकॉल्ड

5. हालाँकि उसने दिखाई नहीं लेकिन उसे ईर्ष्या थी क्योंकि ईर्ष्या दुनिया को पसंद नहीं करती। *-लॉर्ड बायरन*

6. ईर्ष्या में अन्य से ज्यादा खुद से प्यार होता है। *-एलिजा कुक*

7. ईर्ष्या विवाह जैसे पवित्र बंधन की एक भारी और गंभीर शत्रु है। *-सेंट एन्सेल्म*

8. ईर्ष्या, आत्मा का पीलिया है। *-जॉन ड्राइडन*

9. आप केवल उसी से ईर्ष्या कर सकते हैं जिसके पास कुछ ऐसा है जो आपको लगता है कि आपके स्वयं के पास होना चाहिए। *-मार्गरेट एटवुड*

10. ईर्ष्या कारणों का इंतजार नहीं करती है। *-महात्मा गाँधी*

77

पत्रकारिता

1. पत्रकारिता कभी खामोश नहीं रह सकती : यही इसका सबसे बड़ा सद्गुण और सबसे बड़ा दोष है। ***–हेनरी अनातोले ग्रनवाल्ड***

2. पत्रकारिता इतिहास का केवल पहला मसौदा है। ***–जेफरी सी. वार्ड***

3. पत्रकारिता मुख्य रूप से कल्पना के रूप में लोकप्रिय है। जीवन एक अलग दुनिया है, और जो जीवन अखबारों में दिखाई देता है, वह अलग है। ***–जी.के. चेस्टर्टन***

4. पत्रकारिता एक आतुरतापूर्ण साहित्य है। ***–मैथ्यू अर्नोल्ड***

5. पत्रकारिता में हमेशा इन दो बातों के बीच तनाव रहता है कि पहले पाएँ और सही पाएँ। ***–एलेन गुडमैन***

6. मेरे साथी पत्रकारों ने खुद को संवाददाता कहा; मुझे रिपोर्टर का शीर्षक पसंद था। मैंने जो देखा वह लिखा, कार्यवाही नहीं की...विचार भी तो एक प्रकार की कार्यवाही हैं। ***–ग्राहम ग्रीन***

7. सच बोलना पत्रकारों का कर्तव्य है। पत्रकारिता का मतलब–आपका तथ्यों, दस्तावेजों को देखना और रिकॉर्ड खोजना है और इस तरह आप रिपोर्ट बनाते हैं। ***–नोम चोमस्की***

8. जिस तरह लैंप पोस्ट (खंभे) के लिए कुत्ता है; उसी तरह राजनेताओं के लिए पत्रकारिता। ***–एच.एल. मेनकेन***

9. साहित्य और पत्रकारिता में यह अंतर है कि पत्रकारिता अपठनीय है और साहित्य पढ़ा नहीं गया है। ***–ऑस्कर वाइल्ड***

10. पत्रकारिता को किसी के दुश्मनों को पैसों में परिवर्तित करने के रूप में वर्णित किया जा सकता है। ***–क्रेग ब्राउन***

11. आज की पत्रकारिता उन बातों के जूनून से ग्रस्त है जिनमें 13 वर्षीय लड़कों को व्यस्त रखा जा सके: खेल, सेक्स, अपराध और स्वार्थ संकीर्णता।

–स्टीवन स्टार्क

12. आधुनिक पत्रकारिता के पक्ष में कहने को बहुत कुछ है। अशिक्षितों के बारे में राय देकर, वह हमें समुदाय के प्रति अज्ञानी रखती है। ***–ऑस्कर वाइल्ड***

13. आजकल एक पत्रकार के पास सिवाय जीवन के दु:खों के बारे में बताने के अलावा क्या काम है? ***–जॉन ले कार्रे***

14. जनता में सब कुछ जानने की अतृप्त जिज्ञासा है, सिवाय इसके कि क्या जानने लायक है। पत्रकारिता इस बात के प्रति जागरूक है, और एक व्यापारी की तरह उन सब माँगों की आपूर्ति करती है। ***–ऑस्कर वाइल्ड***

78

न्याय और अन्याय

1. न्याय तब तक नहीं दिया जा सकता जब तक अन्याय से अप्रभावित लोग भी उतने ही नाराज न हों। *–बेंजामिन फ्रैंकलिन*

2. शांति और न्याय एक ही सिक्के के दो पहलू हैं। *–आइज़नहावर*

3. कहीं भी अन्याय होना, हर तरह के न्याय के लिए खतरा है। *–मार्टिन लूथर किंग*

4. मेरे लिए हमेशा यह रहस्य बना रहा कि अपने साथियों के अपमान से कोई भी मानव खुद को सम्मानजनक कैसे महसूस कर सकता है। *–मार्टिन लूथर किंग*

5. जिस दिन हम मायने रखने वाली चीजों के प्रति मौन हो जाते हैं, उसी दिन से हमारा जीवन समाप्त होने लगता है। *–मार्टिन लूथर किंग*

6. न्याय के बिना कानून एक असाध्य घाव है। *–विलियम स्कॉट डाउनी*

7. न्याय क्रिया में सत्य है। *–बेंजामिन डिजरायली*

8. बच्चे मासूम होते हैं और न्याय से प्रेम करते हैं, जबकि हम में से अधिकांश पापी होते हैं और स्वाभाविक रूप से 'दया' को प्राथमिकता देते हैं। *–जी. के. चेस्टर्टन*

9. न्याय में देरी अन्याय है। *–वाल्टर सेवेज लैंडोर*

10. न्याय में देरी न्याय से वंचित करना है। *–विलियम इवर्ट ग्लैडस्टोन*

11. मैंने हमेशा पाया कि दया सख्त न्याय की तुलना में अधिक फलदायी होती है। *–अब्राहम लिंकन*

12. न्याय की सार्वजनिक भावना से नियंत्रित समाज स्वाभाविक रूप से स्थिर रहता है। *–जॉन रॉल्स*

13. न्याय का न्यायोचित रूप 'अंधेपन' से प्रस्तुत होता है क्योंकि वह किसी भी पक्ष से भेद नहीं करती। उसके पास एक ही पैमाना होता है, चाहे अमीर हो या गरीब, छोटा हो या बड़ा। *-विलियम पेन*

14. न्याय की प्रक्रिया का मार्ग ही न्याय होने से रोकता है। *-एडवर्ड काउंसेल*

15. न्याय के अलावा किसी में भी ईश्वरत्व और महानता का गुण नहीं। *-जोसेफ एडिसन*

79

निर्णय

1. लोग हमारे बारे में राय न बनाएँ, इसके लिए वे स्वयं ही लोगों के बारे में राय बनाना शुरू कर देते हैं। *–अल्बेयर कामू*

2. किसी व्यक्ति को उसके उत्तरों के बजाय उसके प्रश्नों से आँकें। *–वॉल्टेयर*

3. एक व्यक्ति औरों को जितना दिखाता है, उतना कम प्यार करता है। *–होनोर डी. बाल्जाक*

4. दूसरों को आकलन हमें उनकी अच्छाइयों को देखने से रोकता है, जो दिखावे से परे होती हैं। *–वेन डायर*

5. उत्सुक हों, आलोचनात्मक नहीं। *–वाल्ट व्हिटमैन*

6. जब आप दूसरों के बारे में राय बनाते हैं या आँकते हैं, तो आप उन्हें नहीं, खुद को परिभाषित करते हैं। *–वेन डायर*

7. गलत और सही से परे एक स्थान है। मैं तुम्हें वहाँ मिलूँगा जहाँ एक आत्मा उस घास के मैदान के नीचे लेटती है तो इस दुनिया में बात करने जैसा कुछ नहीं रहता। *–रूमी*

8. अगर बाहरी चीजें आपको दुःख देती हैं, तो वास्तव में चीजें नहीं, आपकी उनके प्रति राय आपको दुःख देती है। *–मार्कस ऑरेलियस*

9. सब कुछ सुनो और स्वयं को आँको। *–जॉर्ज इलियट*

10. वह सब कुछ जो हमें दूसरों के बारे में परेशान करता है, खुद को समझने में मददगार हो सकता है। *–कार्ल जुंग*

11. किसी व्यक्ति का अतीत के बजाय भविष्य के आधार पर आकलन चरित्र को आँकने का अच्छा तरीका है। *–राल्फ वाल्डो इमर्सन*

12. बहुत बार हम लोगों को अपने अनुभव और पृष्ठभूमि के आधार पर आँकते हैं, लेकिन जब आप लोगों की कहानियों को समझते हैं, तो उनके आचरण को समझना आसान हो जाता है। ***–जोएल ओस्टीन***

☙❧

80

दया और विनम्रता

1. सभी को उसका अनुसरण करने का प्रयास करना चाहिए जो सही है, न कि जो प्रतिष्ठित है। ***-अरस्तु***

2. करुणा (दया) नैतिकता का आधार है। ***-आर्थर शोपेनहावर***

3. दूसरों का आदर करना एक अच्छे समाज और अच्छे जीवन का आधार हैं। ***-कन्फ्यूशियस***

4. ऐसा हृदय रखो जो कभी कठोर न हो, ऐसा स्वभाव, जो कभी निराश न हो और ऐसा स्पर्श जो कभी दर्द न दे। ***-चार्ल्स डिकेंस***

5. दुनिया में ऐसा कोई भी व्यक्ति, जो दूसरे का बोझ हल्का करे, बेकार नहीं हो सकता। ***-चार्ल्स डिकेंस***

6. मैं सभी से एक ही तरह से बात करता हूँ, चाहे वह कचरा उठाने वाला हो या विश्वविद्यालय का अध्यक्ष। ***-आइंस्टीन***

7. नेकी के साधारण कार्य प्रार्थना में झुके एक हजार सिरों से बेहतर हैं। ***-गाँधी***

8. मेरे विचार से मेमने का जीवन एक इंसान की तुलना में कम कीमती नहीं है। ***-गाँधी***

9. स्वयं को खोजने का सबसे अच्छा तरीका है कि स्वयं को दूसरों की सेवा में भुला दें। ***-गाँधी***

10. सितारों तक पहुँचने की चाह में कई बार मनुष्य अपने पैरों तले बिछे फूलों को भूल जाता है। ***-जेरेमी बेंथम***

11. अपने शत्रुओं को क्षमा कर दो, परन्तु उनके नाम कभी न भूलो। ***-जॉन एफ. कैनेडी***

12. नेकी ऐसी भाषा है जिसे बहरे सुन सकते हैं और अंधे देख सकते हैं।

-मार्क ट्वेन

13. अगर आप सौ लोगों को खाना नहीं खिला सकते तो सिर्फ एक को खिला दें।

-मदर टेरेसा

14. अपने शब्दों में वजन लाओ, आवाज ऊँची मत करो। फूल बारिश ही खिलाती है, बादलों की गड़गड़ाहट नहीं।

-रूमी

81

स्वतंत्रता और आजादी

1. मैं स्वतंत्र हूँ, इसलिए खो गया हूँ। *–फ्रांज काफ्का*

2. अवज्ञा स्वतंत्रता का सच्चा आधार है। आज्ञाकारियों को तो दास होना चाहिए। *–हेनरी डेविड थॉरो*

3. जो आजादी का वरदान पाने की उम्मीद करते हैं, उन्हें स्वतंत्रता के समर्थन की थकान का सामना करना स्वीकार करना होगा। *–थॉमस पेन*

4. लोकतंत्र उन दो भेड़ियों और एक मेमने के समान हैं जो 'दोपहर के भोजन में क्या खाया जाए' के पक्ष या विपक्ष में अपने विचार व्यक्त करते हैं। स्वतंत्रता उस मेमने जैसी है जो सशस्त्र होकर उस मतदान में हिस्सा ले रहा है। *–बेंजामिन फ्रैंकलिन*

5. राजनीतिक दृष्टिकोण से केवल एक सिद्धांत है–मनुष्य की स्वयं पर संप्रभुता। मनुष्य की स्वयं के द्वारा प्रभुता स्वतंत्रता है। *–विक्टर ह्यूगो*

6. सामाजिक व्यवस्था संयम की तुलना में स्वतंत्रता द्वारा बेहतर ढंग से संरक्षित होती है। *–विलियम ई. चैनिंग*

7. स्वतंत्रता की अधिकता, चाहे वह राज्य में हो या व्यक्तियों की, गुलामी की अधिकता में ले जाती है। *–प्लेटो*

8. स्वतंत्रता बहुत कम ठहराव, और बहुत अधिक अराजकता लाती है। *–बर्ट्रेंड रसेल*

9. अधीन होने के लिए स्वतंत्रता भी सीमित होनी चाहिए। *–एडमंड बर्क*

10. सच्ची स्वतंत्रता अपने विशेषाधिकारों का आनंद लेने में है, न कि दूसरों के अधिकारों का विनाश करने में। *–पिंचर्ड*

11. किसी भी लोकतांत्रिक राज्य का आधार स्वतंत्रता है। *–अरस्तु*

82

कानून

1. प्रत्येक कानून, स्वतंत्रता का अतिक्रमण है। *–जेरेमी बेंथम*

2. सबसे बड़ी संख्या का सबसे बड़ा सुख नैतिकता और कानून की नींव ही है। *–जेरेमी बेंथम*

3. वकील की ताकत कानून की अनिश्चितता में होती है। *–जेरेमी बेंथम*

4. वकील ही ऐसे व्यक्ति होते हैं जिन्हें कानूनों के प्रति अनजान होने पर भी सजा नहीं होती। *–जेरेमी बेंथम*

5. बिना यह समझे कि व्यक्तिगत हित क्या है, समुदाय के हित की बात करना व्यर्थ है। *–जेरेमी बेंथम*

6. अत्याचार और अराजकता एक-दूसरे से ज्यादा दूर नहीं होते। *–जेरेमी बेंथम*

7. लोगों की भलाई सबसे बड़ा कानून है। *–मार्कस टुलियस सिसरो*

8. लोकतंत्र बहुमत का कानून नहीं बल्कि अल्पसंख्यकों का संरक्षण है। *–अल्बेयर कामू*

9. हमें कानून की ताकत से शासित होना चाहिए, न कि ताकत के नियम से। *–विलियम स्लोएन कॉफिन*

10. एक कानून इसलिए मूल्यवान नहीं है क्योंकि वह कानून है, बल्कि इसलिए मूल्यवान है क्योंकि उसमें अधिकार हैं। *–हेनरी वार्ड बीचर*

11. सामान्य ज्ञान अक्सर अच्छा कानून बनाता है। *–विलियम ओ. डगलस*

12. अधिक नियम, कम न्याय। *–मार्कस टुलियस सिसरो*

83

जीवन

1. जीवन में सबसे कठिन काम है कि कौन-सा पुल पार करना है और कौन-सा जलाना है। ***-बर्ट्रेंड रसेल***

2. हमारा जीवन विस्तार के कारण बिखरा हुआ है। इसे सरल बनाएँ, सहज बनाएँ। ***-हेनरी डेविड थॉरो***

3. ऐसे जियो जैसे कि तुम कल मरने वाले हो।। ऐसे सीखो जैसे कि तुम अमर रहने वाले हो। ***-गाँधी***

4. मेरा जीवन ही मेरा संदेश है। ***-गाँधी***

5. जीवन का सदैव और सबसे जरूरी सवाल है : "आप दूसरों के लिए क्या कर रहे हैं?" ***-मार्टिन लूथर किंग***

6. स्वयं को जानो। ***-सुकरात***

7. बिना जाँचे-परखे जीवन जीने लायक नहीं है। ***-सुकरात***

8. जीवन वह है जो अन्य योजनाएँ बनाते हुए हमारे साथ घटित हो। ***-एलन सॉन्डर्स***

9. सादा जीवन जीने का तरीका खोजना, जीवन की सर्वोच्च जटिलताओं में से एक है। ***-टी.एस. इलियट***

10. मेरा जीवन असीमित सागर की एक बूँद से अधिक नहीं है। अंततोगत्वा सागर क्या है, केवल बूँदों की बहुलता। ***-डेविड मिशेल***

84

प्यार

1. तीन तरह के जूनून ने शक्तिशाली रूप से मेरे जीवन को नियंत्रित किया है: प्रेम की लालसा, ज्ञान की खोज, और मानव जाति की पीड़ा देख असहाय करुणा।
–बर्ट्रेंड रसेल

2. प्रेमपूर्ण हृदय ही सच्चा ज्ञान है। *–चार्ल्स डिकेंस*

3. लोगों के प्रेम में पड़ने के लिए गुरुत्वाकर्षण जिम्मेदार नहीं है। *–आइंस्टीन*

4. ज्ञानी व्यक्ति को न केवल अपने शत्रुओं से प्रेम करने में सक्षम होना चाहिए, बल्कि मित्रों से नफरत करने में भी। *–फ्रेडरिक नीत्शे*

5. शत्रु से छुटकारा पाने के लिए उससे प्रेम करना चाहिए। *–लियो टॉल्स्टॉय*

6. किसी भी काम को या तो प्रेम से करो अन्यथा मत करो। *–महात्मा गाँधी*

7. अँधेरा अँधेरे को नहीं मिटा सकता, सिर्फ उजाला ऐसा कर सकता है। नफरत नफरत को दूर नहीं कर सकती, सिर्फ प्यार ऐसा कर सकता है।
–मार्टिन लूथर किंग

8. प्रेम ही एकमात्र शक्ति है जो दुश्मन को दोस्त बना सकती है।
–मार्टिन लूथर किंग

9. यदि आप लोगों को आँकते रहेंगे, तो आपके पास उनसे प्यार करने का समय ही नहीं बचेगा। *–मदर टेरेसा*

10. जो कुछ प्रेम से होता है, वह भले-बुरे से हमेशा परे होता है। *–नीत्शे*

11. आपका कार्य प्यार की तलाश करना नहीं है, बल्कि अपने भीतर की सभी बाधाओं को खोजना है जो आपने अपने विरुद्ध बना रखी हैं। *–रूमी*

12. स्वयं को उस मजबूत खिंचाव की ओर खिंचने दें जिससे आप सचमुच प्रेम करते हैं। *–रूमी*

13. हम जिस सुंदरता से प्रेम करते है, उसी से करें क्योंकि घुटने टेकने और जमीन चूमने के कई सौ तरीके हैं। *–रूमी*

14. एक संपूर्ण प्रेम घर ले जाने के लिए, एक हजार अधूरे प्रेम को छोड़ना होगा। *–रूमी*

15. स्वयं को उस अनजान खिंचाव की ओर खिंचने दें जिससे आप वास्तव में प्रेम करते हैं। वह आपको गुमराह नहीं होने देगा। *–रूमी*

16. हृदय एक बहुत अच्छा उत्पादक है; हम जो कुछ भी बोते हैं–प्रेम, भय, घृणा, आशा, प्रतिशोध, ईर्ष्या–निश्चित रूप से फल देता है। हमें तय करना है कि हमें कौन–सी फसल काटनी है। *–स्वामी विवेकानंद*

17. पवित्रता, धैर्य और दृढ़ता सफलता के लिए ये तीनों आवश्यक हैं और सबसे बढ़कर, प्रेम। *–स्वामी विवेकानंद*

85

कानूनी

1. कभी मत भूलो कि हिटलर ने जर्मनी में जो कुछ भी किया था, कानूनी था।

   –मार्टिन लूथर किंग

2. जब लूट जीवन का एक तरीका बन जाती है, तो मानव खुद के लिए ऐसी कानूनी प्रणाली बनाता हैं जो 'लूट' को अधिकृत बनाती है और नैतिक संहिता उसे महिमामंडित करती है।

   –फ्रेडरिक बास्तियात

3. कानून व्यवस्था अक्सर रहस्यमय होती है और हम धर्माधिकारी बनकर उसका संचालन करके नागरिकों को हैरान कर देते हैं।

   –हेनरी मिलर

4. प्रभावी कार्यकारी कानूनी प्रणाली के बिना लोकतंत्र संभव नहीं है।

   –व्लादिमीर पुतिन

86

भौतिकवाद

1. मनुष्य ही एकमात्र ऐसा प्राणी है जो यह स्वीकार करने से मना करता है कि वह क्या है? *-अल्बेयर कामू*

2. जब हम टेलीविजन देखते हुए बड़े हो रहे थे तो हम इस बात को सच मानते थे कि हम सब करोड़पति होंगे, फिल्म स्टार और रॉक स्टार बनेंगे। लेकिन हम नहीं बने। अब हम धीरे-धीरे इस सच्चाई को मानना सीख रहे हैं। *-चक पालाह्नयुक*

3. एक व्यक्ति जो केवल जर्जर कपड़ों या मामूली खाने पर शर्मिंदा है, बात करने लायक भी नहीं। *-कन्फ्यूशियस*

4. विज्ञापन ने हमें कारों और कपड़ों के पीछे भागना और ऐसी नौकरी करना सिखाया जिससे हम नफरत करते हैं ताकि हम सारी बेकार वस्तुएँ खरीद सकें जिनकी हमें जरूरत नहीं। *-चक पालाह्नयुक*

5. अगर लोग टेलीविजन सेट के बजाय शांति की माँग करेंगे तो सभी जगह शांति होगी। *-जॉन लेनन*

6. वैज्ञानिक शक्ति ने हमारी आध्यात्मिक शक्ति को पछाड़ दिया है। आज हमारे पास निर्देशित मिसाइलें और गुमराह लोग हैं। *-मार्टिन लूथर किंग*

7. यदि आप नहीं जानते कि आप क्या चाहते हैं, तो दरबान ने कहा, "तो आपके पास वह ज्यादा होगा जो आप नहीं चाहते।" *-चक पालाह्नयुक*

8. सच्चे अर्थों में जीने के लिए हमें वस्तुओं का उपयोग और लोगों से प्रेम करना होगा न कि लोगों का उपयोग और वस्तुओं से प्रेम। *-जॉन पॉवेल*

9. जीवन में सबसे अच्छी चीजें 'चीजें' नहीं हैं। *-आर्ट बुचवाल्ड*

10. जिन चीजों के पहले आप मालिक थे, अब वे आपकी मालिक हैं। *-चक पालाह्नयुक*

87

विवाह

1. प्यार की कमी नहीं, दोस्ती की कमी वैवाहिक जीवन को तकलीफदेह बनाती है।
-फ्रेडरिक नीत्शे

2. हर एक को विवाह करना चाहिए; अगर आपको एक अच्छी पत्नी मिलती है, तो आप खुश हो जाओगे; अगर पत्नी अच्छी नहीं मिली तो दार्शनिक हो जाओगे।
-सुकरात

3. युवावस्था में पत्नियाँ पुरुषों की प्रेमिका होती हैं; अधेड़ उम्र में साथी और वृद्धावस्था में परिचारिका होती हैं।
-फ्रांसिस बेकन

4. जैसे मेज के लिए चार पाए होते हैं, वैसे ही परिवार के लिए विवाह होता है।
-बेट्टी जेन वाइली

5. विवाह के साथ समस्या यह है कि वह हर रात के प्रेम के बाद खत्म हो जाता है और हर सुबह नाश्ते से पहले उस प्रेम को फिर से जीवंत करना चाहिए।
-गैब्रियल गार्सिया मार्केज

6. पति को 'अपना बनाना' एक कला है; पर 'अपना बनाए रखना' एक काम।
-सिमोन दी बुआ

7. शादी विविध विवादों/उतार-चढ़ाव से युक्त एक लंबी बातचीत है।
-रॉबर्ट लुई स्टीवेन्सन

8. कई शादियाँ बच जाएँगी अगर हम उसी उत्साह के साथ बातें सुनें जितनी शिद्दत से हम चाहते हैं कि दूसरा हमारी बात सुने।
-हैरियट लर्नर

9. शादी ही इकलौती ऐसी जंग है जिसमें मनुष्य दुश्मन के साथ सोता है।
-मैक्सिकन कहावत

10. कानूनन शादी के बिना भी प्यार नैतिक है, लेकिन प्रेम के बिना विवाह अनैतिक है।
-एलेन की

88

मीडिया

1. पत्रकार कुत्तों की तरह होते हैं, कुछ भी हलचल होते ही वे भौंकने लगते हैं।
–आर्थर शोपेनहावर

2. यदि आप सावधान न रहे तो अखबार आपको उस कगार पर ले आएँगे जहाँ आप सताये जाने वालों से नफरत और अत्याचार करने वालों से प्रेम करने लगेंगे।
–मैल्कम एक्स

3. जीवन की शुरुआत में ही मैंने देख लिया था कि अखबार की कोई भी घटना कोई सूचना नहीं देती।
–जॉर्ज ऑरवेल

4. जो मीडिया को नियंत्रित करता है, वह मन–मस्तिष्क को भी नियंत्रित करता है।
–जिम मॉरिसन

5. अगर रिपोर्टर ने अपने सच से हमारी कल्पना को मार डाला है तो उसके झूठ से हमारी जान को खतरा है।
–कार्ल क्रूस

6. केवल दो ताकतों में यह शक्ति है कि वे दुनिया के कोने–कोने में प्रकाश पहुँचा सकते हैं...आकाश में सूरज और धरती पर प्रेम।
–मार्क ट्वेन

7. वास्तविक दुनिया में कुछ भी सही जगह और सही वक्त पर नहीं होता। इसे ठीक करने का काम पत्रकारों और इतिहासकारों का है।
–मार्क ट्वेन

8. प्रेस और मैगजीन द्वारा प्रदान की जाने वाली सबसे महत्त्वपूर्ण सेवा यह है कि वह लोगों को इस बात के लिए शिक्षित करते हैं कि छपी हुई सामग्री पर पूर्णतया विश्वास न करें।
–सैमुअल बटलर

9. जो आदमी कुछ भी नहीं पढ़ता वह उस व्यक्ति से बेहतर है जो केवल समाचार पत्र पढ़ता है।
–थॉमस जेफरसन

10. समाचार पत्र का सबसे ईमानदार हिस्सा विज्ञापन हैं। *–थॉमस जेफरसन*

11. यह मास मीडिया का उदय है जो प्रचार के तरीकों का सामाजिक पैमाने पर प्रयोग करना सिखाता है। *–जैक्स एलुल*

12. मीडिया वास्तव में एक मजबूत वाहन हो सकती है। *–सिसीलिया बार्टोली*

13. लोकतंत्र और पत्रकारिता की गुणवत्ता का गहरा संबंध है। *–बिल मोयर्स*

14. सच कहूँ तो मुझे मीडिया के स्वामित्व की चिंता है जहाँ कुछ मुट्ठी भर लोग बड़े पैमाने पर तय करते हैं कि हम क्या देखें, सुनें और पढ़ें।

–बर्नी सैंडर्स

15. एक समाचार पत्र का कोई मित्र नहीं होना चाहिए। *–जोसेफ पुलित्जर*

89

नैतिकता

1. कानूनन अन्याय की अवज्ञा करना एक नैतिक जिम्मेदारी है।
–मार्टिन लूथर किंग

2. नैतिकता के बारे में, मैं केवल इतना जानता हूँ कि जिसके बाद आपको अच्छा महसूस हो, वह नैतिक है और जिसके बाद बुरा महसूस हो, वह अनैतिक है।
–अर्नेस्ट हेमिंग्वे

3. अत्यधिक नैतिक मत बनो। इससे तुम खुद को भी धोखा दे सकते हो। नैतिकता से ऊँचा लक्ष्य रखो। केवल अच्छे मत बनो; किसी उद्‌देश्य के लिए अच्छे बनो।
–हेनरी डेविड थॉरो

4. नैतिकता का उद्‌देश्य आपको कष्ट सहकर मरना सिखाना नहीं, बल्कि सुख से जीवन जीना सिखाना है। *–आयन रैंड*

5. जिन पुस्तकों को संसार अनैतिक कहता है, वे पुस्तकें दुनिया को उनकी ही शर्मनाक बातों से रूबरू कराती हैं। *–ऑस्कर वाइल्ड*

6. नैतिकता के बिना स्वतंत्रता स्थापित नहीं की जा सकती, न ही बिना आस्था के नैतिकता। *–एलेक्सिस डी टोकेविल*

7. नागरिक नैतिकता के बिना समुदाय नष्ट हो जाते हैं किंतु व्यक्तिगत नैतिकता के बिना उनके अस्तित्व का कोई मूल्य नहीं है। *–बर्ट्रेंड रसेल*

8. स्वतंत्रता के बिना नैतिकता नहीं हो सकती। *–कार्ल जुंग*

9. नैतिकता वैयक्तिक झुंड–वृत्ति है। *–फ्रेडरिक नीत्शे*

10. नैतिक व्यवहार की गुणवत्ता, शामिल मनुष्यों की संख्या के अनुपात के व्युत्क्रम में होती है। *–एल्डस हक्सले*

90

राष्ट्रीय हित

1. हमारा कोई स्थायी मित्र नहीं है और न ही स्थायी दुश्मन। हमारे पास बस स्थायी रुचियाँ हैं। *-बेंजामिन डिजरायली*

2. कुछ मामलों में अगर भविष्य की सोचें तो वैश्विक मुद्दों की रक्षा के लिए कुछ राष्ट्रीय हितों की कुर्बानी उचित है। वैश्विक ऊष्मा सभी को पीड़ा देती है। *-दलाई लामा*

3. राष्ट्र हित, भू-राजनीति या किसी देश के इतिहास द्वारा पूर्व निर्धारित होता है। महान राजनेता कभी भी अपने हितों की चिंता नहीं करते-उन्हें अपने लोगों के हितों की अधिक चिंता रहती है। *-जोसेफ नी*

4. जो देश दूसरे देशों की विदेश नीति के लिए अपने देश के हितों को दाँव पर लगा देते हैं, उन देशों की प्रतिष्ठा निश्चित रूप से कम हो जाती है, चाहे वे अपने कार्यों के औचित्य का स्पष्टीकरण किसी भी रूप में दें। *-व्लादिमीर पुतिन*

5. आपकी सरकार का प्रमुख मानदंड मानवाधिकार नहीं बल्कि राष्ट्रीय हित हैं। *-ब्रेटन ब्रेटेनबैक*

6. हर कोई अपने राष्ट्रीय हितों का ध्यान रखता है। इस कार्य के लिए अगर किसी को दोषी ठहराया जाता है तो वह है, संयुक्त राज्य अमेरिका। *-जॉन बोल्टन*

7. मैं देश के हितों के लिए चालाकी कर सकता हूँ पर झूठ नहीं बोल सकता। *-लैरी स्पीक्स*

8. विधायक राजनीतिक अनिवार्यता को हमेशा ही देश-हितों से ज्यादा आगे रखते हैं। *-डॉग बंडो*

9. यह लोकतांत्रिक समाज का अधिकार भी है और जिम्मेदारी भी कि वह आप्रवासन का इस तरह प्रबंधन करे कि वह राष्ट्रीय हितों को पोषित करे।

–बारबरा जॉर्डन

10. राजनीति अपने स्वार्थ की पूर्ति को राष्ट्रीय हित दिखाने की कला है।

–थॉमस सोवेल

91

तटस्थता और उदासीनता

1. दांते ने कहा है कि नर्क में सबसे गर्म स्थान उन लोगों के लिए आरक्षित है जो नैतिक संकट की अवधि में भी तटस्थता बनाए रखते हैं।

   –मार्टिन लूथर किंग

2. यदि संयम एक दोष है, तो उदासीनता एक अपराध है। *–जैक केरौक*

3. प्रेम का विलोम नफरत नहीं, उदासीनता है। *–एली विसेल*

4. उदासीनता के कारण व्यक्ति समय से पहले ही मर जाता है। *–एली विसेल*

5. भ्रष्टाचार के अपराध की साथी हमारी अपनी उदासीनता है। *–बेस मायर्सन*

6. सहिष्णुता उदासीनता के लिए दूसरा शब्द है। *–डब्ल्यू. समरसेट मौघम*

7. धर्म के लिए उदासीनता से अधिक घातक और कुछ भी नहीं। *–एडमंड बर्क*

8. मेरे अनुसार, उदासीनता बुराई का प्रतीक है। *–एली विसेल*

92

राष्ट्र

1. भारत को वास्तविक अर्थों में एक राष्ट्र बनाया जाना है। *–बी.आर. अंबेडकर*

2. व्यक्तिगत रूप से पागलपन दुर्लभ है; लेकिन समूहों, दलों, राष्ट्रों और युगों में यह शासन करता है। *–फ्रेडरिक नीत्शे*

3. किसी भी राष्ट्र की संस्कृति उसके लोगों के हृदयों और आत्मा में निवास करती है। *–महात्मा गाँधी*

4. किसी भी राष्ट्र के मित्र नहीं होते, केवल स्वार्थ होते हैं। *–चार्ल्स डे गॉल*

5. एक राष्ट्र का निर्माण और उसके हित, प्रत्येक व्यक्ति की राष्ट्र के प्रति जिम्मेदारी उठाने की इच्छा-शक्ति से तय होते हैं। *–बारबरा जॉर्डन*

6. किसी राष्ट्र की महानता का अंदाजा इस बात से लगाया जा सकता है कि वहाँ जानवरों के साथ कैसा व्यवहार करते हैं। *–महात्मा गाँधी*

7. अनुशासन और संयुक्त कार्यवाही राष्ट्र शक्ति के वास्तविक स्रोत हैं। *–लाल बहादुर शास्त्री*

8. वह जो किसी राष्ट्र की मुद्रा आपूर्ति को नियंत्रित करता है, राष्ट्र को नियंत्रित करता है। *–जेम्स ए. गारफील्ड*

9. कोई भी ऐसा उदाहरण नहीं है जिसमें कोई राष्ट्र लंबे समय तक युद्ध से लाभान्वित हुआ हो। *–सन त्जु*

10. राष्ट्र निर्माण लोगों की इच्छा-शक्ति की अपेक्षा रखता है। *–एडमंड बर्टन*

93

परमाणु ऊर्जा

1. यदि परमाणु ऊर्जा संयंत्र सुरक्षित हैं, तो वाणिज्यिक बीमा उद्योग को उनका बीमा करने दें। जब तक जोखिम उठाने वाले विशेषज्ञ अपने पैसे दाँव पर लगाने को तैयार नहीं, तब तक मैं भी अपने परिवार के स्वास्थ्य और सुरक्षा को दाँव पर लगाने को तैयार नहीं हूँ। *–डोना रीड*

2. परमाणु पर खर्च किया गया प्रत्येक डॉलर नवीकरणीय ऊर्जा पर खर्च किये गए एक डॉलर से कम है तथा दुनिया को खतरनाक और मलिन बनाने में खर्चा गया एक और डॉलर है क्योंकि परमाणु शक्ति और हथियार हाथों में हाथ डाले चलते हैं। *–मार्क जेड. जैकब्सन*

3. एक परमाणु ऊर्जा संयंत्र से एक वर्ष में निकला अपशिष्ट एक मेज के नीचे संगृहीत किया जा सकता है। *–रोनाल्ड रीगन*

4. परमाणु ऊर्जा संयंत्र खाद्य पदार्थों की बजाय असीम रूप से सुरक्षित हैं क्योंकि हर वर्ष 300 लोग खाद्य पदार्थों के कारण दम तोड़ देते हैं। *–डिक्सी ली रे*

5. परमाणु ऊर्जा से दूर नहीं हुआ जा सकता, और अब हमें यह तर्कसंगत निर्णय लेने की आवश्यकता है कि इक्कीसवीं सदी में इसका स्थान कैसे और कहाँ हो सकता है। *–जेम्स डब्ल्यू. फेल्डमैन*

☙❧

94

परमाणु युद्ध

1. हथियारों की दौड़ परमाणु हथियार और हमारे बीच है। *–मार्टिन एमिसो*

2. परमाणु युद्ध में सभी लोगों का समान रूप से अंतिम संस्कार किया जाता है। *–डेक्सटर गोर्डन*

3. अब मैं मृत्यु, संसारों का संहारक बन गया हूँ। *–जे. रॉबर्ट ओपेनहाइमर*

4. परमाणु हथियारों की दौड़ दो शत्रुओं की तरह है, जो कमर तक पेट्रोल में खड़े हैं–एक के हाथ में तीन माचिसें हैं और दूसरे के हाथ में पाँच। *–कार्ल सैगन*

5. आशंका जताई जा रही है कि अगर कई एच–बमों का इस्तेमाल किया गया तो सार्वभौम मृत्यु होगी। वह मृत्यु अल्पसंख्यकों के लिए अचानक आई मौत होगी किन्तु बहुसंख्यकों के लिए लंबी बीमारी की धीमी यातना और विघटनकारी साबित होगी। *–बर्ट्रेंड रसेल*

6. अजीब है लेकिन परमाणु बम के इस फैशन में मैं विश्वास करता हूँ कि परमाणु बम की उपस्थिति के अभाव में मानव का इतना विकास नहीं हो पाया जितना कि उसकी उपस्थिति के कारण हुआ है। *–एलन मूर*

95

अवसर

1. चीनी 'संकट' शब्द लिखने के लिए दो ब्रश स्ट्रोक का उपयोग करते हैं। एक ब्रश स्ट्रोक खतरे का प्रतीक है दूसरा अवसर का। संकटकाल में खतरों के प्रति जागरूक रहें लेकिन अवसर को पहचानें। ***–जॉन एफ. कैनेडी***

2. जब अवसर और तैयारी का मेल होता है तब अच्छे भाग्य का उदय होता है। ***–थॉमस ए. एडीसन***

3. यदि अवसर दस्तक नहीं देता है, तो एक द्वार बनाएँ। ***–मिल्टन बर्ले***

4. अगर कोई आपको एक अद्भुत अवसर प्रदान करता है लेकिन आप सुनिश्चित नहीं हैं कि आप इसे कर सकते हैं, तो हाँ कहें–फिर बाद में इसे करना सीखें! ***–रिचर्ड ब्रैनसन***

5. अवसर की कमी का बहाना हमेशा कमजोर लोग करते हैं। ***–ओरिसन स्वेट मार्डेन***

6. एक अवसर सीधे दूसरे की ओर ले जाता है, वैसे ही जैसे जोखिम अधिक जोखिम, जीवन अधिक जीवन और मृत्यु अधिक मृत्यु की ओर। ***–मार्कस जुसाक***

7. निराशावादी हर अवसर में कठिनाई देखता है; आशावादी को हर कठिनाई में अवसर दिखाई देता है। ***–विंस्टन चर्चिल***

8. अवसर समय की मलाई है। ***–जॉन वेड***

9. जब लोहा गर्म हो, तब प्रहार करें। ***–जॉन हेवुड***

10. सफल आदमी वह है जिसके पास अवसर आया और उसने अवसर का लाभ उठाया। ***–रोजर बेबसन***

96

राय

1. दुनिया देखने के लिए हर आदमी अपनी दृष्टि की सीमाओं में से ही झाँकता है।

   –आर्थर शोपेनहावर

2. असामान्य बात कहने के लिए सामान्य शब्दों का प्रयोग करना चाहिए।

   –आर्थर शोपेनहावर

3. अपनी राय की विलक्षणता से डरो मत, क्योंकि आज की स्वीकृत राय एक समय में असामान्य और सनकी मानी जाती थी। ***–बर्ट्रेंड रसेल***

4. तुम अपनी राह चुनो, मैं अपना रास्ता चुनूँगा/चुनूँगी। जहाँ तक सही, उचित और इकलौती राय का सवाल है, ऐसी राह तो होती ही नहीं।

   –फ्रेडरिक विल्हेम नीत्शे

5. केवल जनमत ही समाज को शुद्ध और स्वस्थ बनाता है। ***–मार्टिन लूथर किंग***

6. दुनिया में राय देने से आसान कुछ भी नहीं है; सामान्य तौर पर बहुत कम चीजें हैं जो मूल्यहीन हैं। ***–चार्ल्स विलियम डे***

7. जो व्यक्ति अपनी राय कभी नहीं बदलता, वह ठहरे हुए पानी की तरह होता है और मस्तिष्क के सरीसृपों को जन्म देता है। ***–विलियम ब्लेक***

8. सच्चाई यह है कि कई लोग अपनी अंतरात्मा की आवाज से ज्यादा दुनिया की राय को सम्मान देते हैं। ***–प्लिनी***

9. कुछ लोगों की राय होती है: और कुछ लोगों की केवल अपनी राय होती है।

   –इवान पैनिन

10. हमारी पहली राय तब होती है जब कोई अचानक हमसे हमारी राय पूछता है और वह राय हमारी अपनी न होकर, केवल प्रथागत, हमारी जाति, वंश, स्थिति के अनुसार होती है; हमारे अपने विचार शायद ही कभी बाहर आते हैं। ***-फ्रेडरिक नीत्शे***

11. खोज की वास्तविक यात्रा नई भूमि की खोज में नहीं, बल्कि नई दृष्टि से देखने में है। ***-मार्सेल प्राउस्ट***

97

सत्ता

1. लगभग सभी मनुष्य विपरीत परिस्थितियों का सामना कर सकते हैं, लेकिन यदि आप एक आदमी के चरित्र का परीक्षण करना चाहते हैं तो उसे शक्तियाँ और अधिकार दें। *–अब्राहम लिंकन*

2. कुछ भी तथ्य नहीं है, केवल तथ्यों का विवेचन है और सभी बातें विवेचना के अधीन हैं। जो भी विवेचना विशेष समय पर प्रबल होती हैं, वह सत्ता के कारण होता है न कि सच। *–फ्रेडरिक विल्हेम नीत्शे*

3. जिस दिन प्रेम की शक्ति, शक्ति के प्रेम पर हावी हो जाएगी, इस दुनिया को शांति का भाव समझ आ जाएगा। *–गाँधी*

4. हम जानते हैं कि कोई भी, कभी भी सत्ता को छोड़ने के इरादे से उसका अधिग्रहण नहीं करता। *–जॉर्ज ऑरवेल*

5. शक्ति वहीं निवास करती है जहाँ लोग मानते हैं कि वह निवास करती है और कई बार बहुत छोटा व्यक्ति भी बहुत विकट परिस्थिति ला सकता है। *–जॉर्ज आर. आर. मार्टिन*

6. दूसरे की शक्ति को पहचानने और उसकी प्रशंसा करने से हमारी अपनी शक्ति कम नहीं होती। *–जॉस व्हेडन*

7. सत्ता भ्रष्ट नहीं करती। डर भ्रष्ट करता है...शायद सत्ता खोने का डर। *–जॉन स्टीनबेक*

8. जिन्हें बहुत कुछ दिया जाता है, उनसे बहुत कुछ अपेक्षित होता है। *–जॉन एफ. कैनेडी*

9. सत्ता भ्रष्ट करती है और पूर्ण सत्ता पूरी तरह भ्रष्ट करती है। *–लॉर्ड एक्टन*

10. शक्तिमान होना महिला होने के समान है। यदि आपको लोगों को बताना पड़े अपनी शक्ति के बारे में तो आप शक्तिशाली नहीं है। ***–मैल्कम एक्स***

11. अगर कोई आपकी गरिमा पर हमला करता है तो सुनिश्चित करें कि वह किसी और के स्वाभिमान पर हमला न कर सके। ***–मार्गरेट थैचर***

12. जहाँ शक्ति होती है, वहीं प्रतिरोध होता है। ***–मिशेल फोकॉल्ट***

13. शक्तिशाली लोगों के लिए, अपराध वे हैं जो दूसरे करते हैं। ***–नोम चोमस्की***

14. एक आदमी को मापने का पैमाना यह है कि उसे प्राप्त शक्ति से वह क्या करता है। ***–प्लेटो***

15. पुलिस शक्ति को अत्यधिक चुनौती देने में हमेशा जोखिम होता है, लेकिन इसे चुनौती न देने का जोखिम अधिक खतरनाक है, यहाँ तक कि घातक भी। ***–हंटर एस. थॉम्पसन***

98

राजनीति

1. सबसे बुरा यह है कि जो लोग देश चलाना जानते हैं, वे सभी टैक्सी चलाने और बाल काटने में व्यस्त हैं। *–जॉर्ज बर्न्स*

2. राजनीति तय करती है कि किसके पास ताकत है, न कि किसके पास सच्चाई है। *–पॉल क्रुगमैन*

3. राजनीति, मुसीबत को हर जगह पाने, खोजने, उसको गलत समझने और गलत उपाय लागू करने की कला है। *–ग्रौचो मार्क्स*

4. किसी भी मुर्दा, अनाथ या बेघर को क्या फर्क पड़ता है, चाहे विनाश अधिनायकवाद या आजादी के नाम पर किया गया हो, चाहे लोकतंत्र के नाम पर। *–महात्मा गाँधी*

5. एक समय आता है जब व्यक्ति को एक निर्णय या स्थान का चुनाव करना पड़ता है जो न सुरक्षित होता है, न राजनीतिक, और न प्रसिद्ध। लेकिन उसकी अंतरात्मा उसे सही मानती है। *–मार्टिन लूथर किंग जूनियर*

6. अंतिम लक्ष्य चुनाव जीतना नहीं है। उद्देश्य है कि समाज बदले। *–पॉल क्रुगमैन*

7. राजनीति लगभग युद्ध की तरह रोमांचक है, और काफी खतरनाक भी... युद्ध में आप केवल एक बार मारे जाते हैं लेकिन राजनीति में अनेकों बार। *–विंस्टन चर्चिल*

8. शासन करने से मना करने का सबसे भारी दंड होता है अपने से गुणों में कमतर किसी व्यक्ति के द्वारा शासित होना। *–प्लेटो, द रिपब्लिक*

9. राजनीति में, जो नहीं कहा जाता, वही मायने रखता है। *–के.जे. पार्कर*

10. राजनीति में कुछ भी असंशोधनीय नहीं है। *–जीन अनॉइल्ह*

99

धैर्य

1. धैर्य कड़वा होता है, लेकिन उसका फल मीठा होता है। *–अरस्तु*

2. जिसके पास सब्र है, वह जो चाहे पा सकता है। *–बेंजामिन फ्रैंकलिन*

3. धैर्य एक अजेय कवच है। *–गौतम बुद्ध*

4. धैर्य आशा रखने की कला है। *–लक डी वॉवेनार्गे*

5. श्रद्धा की तरह धैर्य और परिश्रम, पर्वत हिला सकते हैं। *–विलियम पेन*

6. हर वस्तु की कुंजी धैर्य है। आपको मुर्गी का बच्चा अंडे को सेने से मिलेगा न कि उसे तोड़कर देखने पर। *–अर्नोल्ड ग्लासगो*

7. जो धैर्य रखता है वह विजेता होता है। *–लैटिन कहावत*

8. धैर्य कोई गुण नहीं है, यह एक उपलब्धि है। *–वेरा नाजेरियन*

9. धैर्य एक कड़वा पौधा है, लेकिन इसका फल मीठा होता है। *–जर्मन कहावत*

10. सबसे बड़ी और उदात्त शक्ति एक साधारण–सा धैर्य होती है। *–होरेस बुशनेल*

11. धैर्य और शहतूत का पत्ता वक्त आने पर रेशम बन जाता है। *–चीनी कहावत*

100

गरीबी

1. गरीबी क्रांति और अपराध की जनक है। *–अरस्तु*

2. गरीबी में एकांत होता है, लेकिन ऐसा एकांत है जो प्रत्येक वस्तु को उसका महत्त्व समझाता है। *–अल्बेयर कामू*

3. सबसे बड़ी बुराई और अपराध गरीबी है। *–बर्नार्ड शॉ*

4. तीन मनोभावों ने उत्कट रूप से मेरे जीवन का प्रबंधन किया है: प्यार की लालसा, ज्ञान की खोज, और पीड़ा झेलने वाली मानव जाति के प्रति संवेदना। *–बर्ट्रेंड रसेल*

5. गरीबी उस अपराध की सजा की तरह है जो आपने नहीं किया। *–एली खमारोव*

6. हमारी प्रगति की परीक्षा इस बात में नहीं कि हम उन लोगों के लिए क्या करते हैं जिनके पास बहुतायत में चीजें हैं बल्कि इस बात में है कि हम उन लोगों को क्या देते हैं जिनके पास बहुत कम है। *–फ्रैंकलिन रूजवेल्ट*

7. गरीब और मजदूर वर्ग हमेशा से रहे हैं; साथ ही मजदूर वर्ग हमेशा से गरीब रहा है। लेकिन जिन परिस्थितियों में आज का मजदूर वर्ग रह रहा है, वैसी स्थितियाँ पहले नहीं थीं। *–फ्रेडरिक एंगेल्स*

8. कहीं भी अत्यधिक गरीबी, हर जगह की मानव सुरक्षा के लिए खतरा है। *–कोफी अन्नान*

9. हम परमाणु हथियारों पर लाखों खर्च नहीं कर सकते अगर हमारे चारों ओर गरीबी और बेरोजगारी है। *–लाल बहादुर शास्त्री*

10. यदि कोई गरीब व्यक्ति किसी धनी व्यक्ति से ईर्ष्या करता है, तो वह धनी आदमी से अच्छा इंसान नहीं हो सकता। *–लियो टॉल्स्टॉय*

11. गरीबी हिंसा का सबसे निकृष्ट रूप है। *–महात्मा गाँधी*

12. एक राष्ट्र की महानता इस बात से मापी जाती है कि वह अपने सबसे कमजोर सदस्य के साथ कैसा व्यवहार करता है। *–महात्मा गाँधी*

13. इस ग्रह पर हर किसी की जरूरतों के लिए पर्याप्त है लेकिन किसी के भी लालच के लिए अपर्याप्त। *–महात्मा गाँधी*

14. खाली पेट वाले व्यक्ति के लिए भोजन ही ईश्वर है। *–महात्मा गाँधी*

15. हमें आतंकवाद के मूल कारणों को जड़ से मिटाना होगा ताकि हमेशा के लिए समाधान मिले। मेरा मानना है कि बंदूकें खरीदने से अच्छा है कि संसाधनों को जीवन को बेहतर बनाने में प्रयुक्त करें।
–मुहम्मद यूनुस, नोबेल शांति पुरस्कार विजेता

16. गरीबी पर काबू पाना परोपकार का कार्य नहीं, न्याय का कार्य है।
–नेल्सन मंडेला

17. जब तक गरीबी, अन्याय और घोर असमानता इस दुनिया में मौजूद हैं, तब तक सच्चे अर्थों में हमारा कोई अस्तित्व नहीं। *–नेल्सन मंडेला*

18. गरीबी कोई दुर्घटना नहीं, गुलामी और रंगभेद की तरह यह मानव निर्मित है जो मनुष्यों के कार्यों द्वारा दूर की जा सकती है। *–नेल्सन मंडेला*

19. जहाँ तक नेकदिल गरीबों का सवाल है, बेशक उन पर दया की जा सकती है, लेकिन कोई उनकी प्रशंसा नहीं कर सकता। *–ऑस्कर वाइल्ड*

101

दर्द

1. दर्द का इलाज दर्द में है। *–रूमी*

2. दर्द को भूलना बहुत मुश्किल है, लेकिन उससे भी ज्यादा मुश्किल है खुशी याद रखना। खुशी दिखाते समय हम घाव नहीं दिखा पाते। हम शांतिकाल से बहुत कम सीखते हैं। *–चक पालाह्नयुक*

3. दर्द सिर्फ सहा जा सकता है और उसका आलिंगन करके ही उसे हराया जा सकता है। इनकार करने या डरने से वह और भी बढ़ता है। *–डीन कोन्ट्ज*

4. भाग्य के कारण आपने जो कुछ भी खोया है, विश्वस्त रहें कि ऐसा करके उसने आपको दर्द से बचाया होगा। *–रूमी*

5. कोई दर्द नहीं, कोई लाभ नहीं। *–हेस्पेराइड्स*

6. ये दर्द जो आप महसूस करते हैं, संदेशवाहक हैं। उन्हें ध्यान से महसूसें। *–रूमी*

7. दर्द बड़े होने का अहसास है। इस तरह से हम सीखते हैं। *–डैन ब्राउन*

8. हर खूबसूरत चीज के पीछे किसी–न–किसी तरह का दर्द होता है। *–बॉब डिलन*

9. जहाज तो बहुत से बंदरगाहों तक जाते हैं, परन्तु ऐसा कोई जहाज नहीं जो ऐसे बंदरगाह पर जाए जहाँ जीवन में दर्द नहीं होता। *–फर्नांडो पेसोआ*

10. दर्द से हम जो सबक सीखते हैं, वे हमें सबसे मजबूत बनाते हैं। *–लियोनेल लूथर*

102

जुनून

1. जब आप किसी भी चीज को जोश-ए-जूनून से करते हैं, तो आप उसका निर्माण करते हैं, जो अस्तित्व में नहीं हैं। अगर कोई चीज अस्तित्व में नहीं है तो उसका अर्थ है कि वह चीज तुमने चाही ही नहीं। ***-फ्रांज काफ्का***

2. अपने जुनून को काबू में रखें ताकि उनके द्वारा दंडित न हों। ***-एपिक्टेटस***

3. जुनून मुझे पूर्णता के क्षण देता है। ***-अनास निन***

4. तर्क से अनियंत्रित जुनून पागलपन है। ***-बेंजामिन व्हाटकोट***

5. औरत का सबसे खूबसूरत सौंदर्य प्रसाधन जुनून है। लेकिन सौंदर्य प्रसाधन खरीदना आसान है। ***-युव्स सेंट लॉरेंट***

6. सभी जुनून अतिरंजित हैं, अन्यथा वे जुनून नहीं होंगे। ***-चैम्फोर्ट***

7. एक व्यक्ति बिना जुनून के केवल एक शक्ति और संभावना है, वैसे ही जैसे एक पत्थर जो लोहे के वार की प्रतीक्षा कर रहा हो। ***-हेनरी फ्रेडरिक एमील***

8. आपको क्या पागल करता है? आपको क्या उदास करता है? आपको क्या बेहद खुशी देता है? बस वही आपका जुनून है। ***-अनाम***

9. मनुष्य अपने जीवन में कई तरह के जुनून का अनुभव करते हैं। नया जुनून उससे पहले वाले को दूर कर देता है। ***-पॉल न्यूमैन***

10. सबसे लाचार वे गुलाम हैं जो लगातार अपने जुनून की गुलामी कर रहे हैं। ***-डायोजनीज***

103

प्रगति

1. प्रगति को साधारणतया अभाव की कमी से आँका जाता है बजाय धनी के और धनी होने से। *–अमर्त्य सेन*

2. हमारी प्रगति की परीक्षा इस बात में नहीं है कि हम उन लोगों के लिए क्या करते हैं जिनके पास बहुतायत में चीजें हैं; इस बात में है कि हम उन लोगों को क्या देते हैं जिनके पास बहुत कम है। *–फ्रैंकलिन रूजवेल्ट*

3. आदर्श की लीक से हटे बिना प्रगति संभव नहीं। *–फ्रैंक जप्पा*

4. मैं अभी वहाँ नहीं हूँ, लेकिन मैं उसके ज्यादा करीब हूँ जहाँ कल था। *–अज्ञात*

5. प्रगति जो है उसे बढ़ाने में नहीं बल्कि जो होगा उस ओर बढ़ने में है। *–खलील जिब्रान*

6. सारी प्रगति एक सार्वभौमिक जन्मजात इच्छा पर आधारित है कि हर जीव उसकी आय से परे जीने चाहता है। *–सैमुअल बटलर*

7. मानव जाति की प्रगति में सभी राष्ट्र योगदान देते हैं। *–एडवर्ड काउंसलर*

8. प्रगति मनुष्य की सरलता को जटिल बनाने की क्षमता है। *–थोर हेअरडाहल*

104

पंचायत राज

1. भारत गरीब है क्योंकि भारत के गाँव गरीब हैं। गाँव समृद्ध होंगे तो भारत समृद्ध होगा। पंचायतों को अधिक से अधिक शक्तियाँ दी जानी चाहिए, क्योंकि हम चाहते हैं कि गाँव अधिक पैमाने पर आत्म-निर्भर हों। *-जे. एल. नेहरू*

2. जब पंचायत राज की स्थापना हो, जनता की राय वह कर सकती है जो हिंसा कभी नहीं कर सकती। *-महात्मा गाँधी*

105

सिद्धांत

1. तीन मनोभावों ने उत्कट रूप से मेरे जीवन का प्रबंधन किया है: प्यार की लालसा, ज्ञान की खोज, और पीड़ा झेलने वाली मानव जाति के प्रति संवेदना।

   –बर्ट्रेंड रसेल

2. जीवन लंबा नहीं बल्कि महान होना चाहिए। ***–बी.आर. अंबेडकर***

3. जल्दी सोना और जल्दी उठना मनुष्य को स्वस्थ, धनी और बुद्धिमान बनाता है।

   –बेंजामिन फ्रैंकलिन

4. चाहे आप कितने ही पवित्र शब्द पढ़ लें, बोल लें, जब तक आप उन पर अमल नहीं करते, वे किस तरह से अच्छे हैं? ***–बुद्ध***

5. ईमानदारी और निष्ठा को जीवन के पहले सिद्धांतों में रखिए। ***–कन्फ्यूशियस***

6. ऐसा कार्य करें जिससे आपके व्यवहार में मानवता रहे, चाहे खुद के लिए, चाहे औरों के लिए। केवल साध्य के साधन के रूप में नहीं, उद्देश्य रूप में भी।

   –इमैनुएल कांट

7. गहनतम विश्वास से बोला गया 'नहीं' उस 'हाँ' से बेहतर है जो केवल खुश करने के लिए बोला गया हो, या उससे भी बदतर, जो परेशानी से बचने के लिए बोला गया हो। ***–महात्मा गाँधी***

8. जो व्यक्ति किसी उद्देश्य के लिए मर नहीं सकता, वह जीने के लायक नहीं है।

   –मार्टिन लूथर किंग

9. यदि किसी व्यक्ति को सड़क पर सफाई करने वाला कहा जाता है, तो उसे सड़कों पर झाड़ू उतनी ही ईमानदारी से लगानी चाहिए, जैसे कि माइकल एंजेलो ने चित्र बनाए, या बीथोवन ने संगीत की रचना की, या शेक्सपियर ने कविता लिखी। उसे

सड़क इतनी अच्छे से साफ करनी चाहिए कि स्वर्ग और पृथ्वी के सभी यजमान यह कहने के लिए रुकें, "यहाँ एक सफाई कर्मचारी रहता था जिसने अपना काम बहुत अच्छे से किया था"। ***–मार्टिन लूथर किंग***

10. मेरी खुशी स्वतंत्रता है; मेरी दुनिया मेरा देश; अच्छे कार्य करना मेरा धर्म। ***–थॉमस पेन***

11. शैली के मामले में समय की धारा के साथ बहो; पर सिद्धांतों के मामले में चट्टान की तरह दृढ़। ***–थॉमस जेफरसन***

106

देशभक्ति

1. यह मत पूछो कि आपका देश आपके लिए क्या कर सकता है; यह पूछो कि आप अपने देश के लिए क्या कर सकते हैं। ***–जॉन एफ. कैनेडी***

2. देशभक्ति दुर्जन की आखिरी शरणस्थली है। ***–सैमुअल जॉनसन***

3. जो लोग अपने देश से प्यार करते हैं वे कभी भी उस पर शासन नहीं करना चाहते हैं। ***–अब्राहम मिलर***

4. देशभक्ति तुच्छ कारणों के लिए मारने और मरने की इच्छा है। ***–बर्ट्रेंड रसेल***

5. देशभक्ति का सार लोक कल्याण के लिए व्यक्तिगत हितों का बलिदान देना है। ***–विलियम एच. बर्नहैम***

6. आपको देशभक्ति में इतना अंधा नहीं होना चाहिए कि आप वास्तविकता का सामना न कर सकें। गलत गलत है, कोई फर्क नहीं पड़ता कि उसे कौन कह या कर रहा है। ***–मैल्कम एक्स***

7. देशभक्ति दोधारी तलवार है। यह रक्त भी बहाती है और मस्तिष्क को संकीर्ण भी बनाती है। ***–अज्ञात***

8. देशभक्ति ऐसा स्वीकृत तथ्य है जिसमें एक जगह के लोग एक ही तरह का इतिहास साझा करते हैं और एक-दूसरे के प्रति उत्तरदायी होते हैं। ***–डेविड एरेनफेल्ड***

9. देशभक्ति का भाव दूर कर दिया जाए तो देश की आत्मा ही निकल जाएगी। ***–एडवर्ड मार्क डीम्स***

10. देशभक्ति एक ऐसा विश्वास कि यह देश अन्य सभी देशों से सिर्फ इसलिए श्रेष्ठ है क्योंकि आप इसमें पैदा हुए। ***–जॉर्ज बर्नार्ड शॉ***

11. देशभक्ति की तुलना राष्ट्रवाद से नहीं की जा सकती क्योंकि देश के लिए प्रेम और देश की पूजा में अंतर है। ***–जॉन चांडलर***

107

सजा

1. कभी भी सही काम करने से न डरें, खासकर अगर किसी व्यक्ति या जानवर की भलाई दाँव पर है। नजरअंदाज करके हम अपनी आत्मा को ज्यादा घायल करते हैं। ***–मार्टिन लूथर किंग***

2. विधायकों के हाथ में अपराधों की रोकथाम के साधनों में से 'सजा' सर्वाधिक कम प्रभावकारी है। ***–जॉन रस्किन***

3. सजा अपराध के अनुपात में होने दें। ***–मार्कस टुलियस सिसरो***

4. देखा जाए तो दंड देने की शक्ति का कार्य इलाज या शिक्षित करने से ज्यादा अलग नहीं है। ***–मिशेल फूको***

5. हमारे देश में मृत्युदंड मानव जीवन की पवित्रता की सामाजिक मान्यता है। ***–ओरिन हैच***

6. मृत्युदंड मूलभूत रूप में अपराध के हल और रोक के लिए उतनी ही गलत मान्यता है जैसे परोपकार गरीबी के लिए। ***–हेनरी फोर्ड***

7. मुझे लगता है कि मृत्युदंड बहुत अच्छा काम करता है। हर एक हत्यारा जिसे आप मारते हैं वह फिर दुबारा किसी और को कभी नहीं मार सकता। ***–बिल माहेर***

8. अधिकांश लोग मृत्युदंड को दंड के रूप में स्वीकार करते हैं, लेकिन जल्लाद का काम स्वीकार नहीं करते। ***–जॉर्ज ऑरवेल***

9. घोड़ों को चुराने के लिए मनुष्यों को फाँसी की सजा नहीं दी जाती, लेकिन अगर वह विवेक से काम लें तो चोरी ही क्यों करेंगे? ***–जॉर्ज सेविले***

10. जान के बदले जान लेना बदला लेना है, न्याय नहीं। ***–डेसमंड टुटु***

11. तुम्हें क्रोध की सजा नहीं मिलेगी; तुम्हारा क्रोध ही तुम्हारी सजा है।

–गौतम बुद्ध

12. हम में से बहुत से लोग मृत्युदंड में विश्वास नहीं करते, क्योंकि इस तरह समाज आदमी से वह ले लेता है जो उसे वापस नहीं दे सकता।

–कैथरीन फुलर्टन गेराल्ड

13. कभी भी 'मृत्युदंड' सुनाने में जल्दबाजी मत करो क्योंकि कितनी ही बार बुद्धिमान से बुद्धिमान व्यक्ति भी बहुत सारी बातें देख और जान नहीं पाता।

–जे. आर. आर. टॉल्किन

14. अगर हत्या करना गलत है और हमारे समाज में स्वीकार्य नहीं है, तो यह सभी के लिए गलत होना चाहिए; केवल व्यक्तियों के लिए नहीं बल्कि सरकारों के लिए भी।

–हेलेन प्रेजीन

15. मुझे लगता है कि लोग केवल इसीलिए जीवित हैं क्योंकि मृत्युदंड का विधान रखा गया है।

–नैंसी रीगन

16. इसे निवारक कहा जाता है। मैं सहमत नहीं हो सकता...मैं नहीं मानता कि सैकड़ों आपराधिक मामलों में, जहाँ मृत्युदंड की सजा सुनाने का कार्य निष्पादित किया गया है, एक ने भी भविष्य में होने वाली हत्याओं को रोकने में मदद की होगी। मेरे विचार में, मृत्युदंड से सिवाय बदले के कुछ भी हासिल नहीं है।

–अल्बर्ट पियरेपॉइंट

108

शांति

1. सहनशीलता के अभ्यास में, किसी का दुश्मन उसका सर्वश्रेष्ठ शिक्षक होता है।
–दलाई लामा

2. सदियों से मानव–इतिहास, आपसी सहिष्णुता बनाए रखने के लिए सबक रहा है।
–एमिल जोला

3. शांति और न्याय एक ही सिक्के के दो पहलू हैं। ***–आइजनहावर***

4. यदि सभ्यता को जीवित रखना है, तो हमें मानव संबंधों के विज्ञान को समझना होगा–सभी लोगों की इस दुनिया में शांति से रहने की क्षमता को समझना होगा।
–फ्रैंकलिन रूजवेल्ट

5. शिक्षा का सर्वोच्च परिणाम सहिष्णुता है। ***–हेलेन केलर***

6. मैं स्वप्नद्रष्टा हूँ, लेकिन मैं अकेला ही स्वप्नद्रष्टा नहीं हूँ। मुझे उम्मीद है कि किसी दिन आप भी हमारे साथ मिल जाओगे और यह दुनिया साथ मिलकर रहेगी।
–जॉन लेनन

7. क्रोध और असहिष्णुता सही समझ के दोहरे शत्रु हैं। ***–महात्मा गाँधी***

8. हमें सद्भावना से भाइयों के रूप में एक साथ रहना सीखना चाहिए वरना मूर्खों के रूप में हमारा विनाश तय है। ***–मार्टिन लूथर किंग जूनियर***

9. अँधेरा अंधकार को दूर नहीं कर सकता: केवल प्रकाश ही ऐसा कर सकता है। नफरत नफरत को दूर नहीं कर सकती: केवल प्रेम ही यह कार्य कर सकता है।
–मार्टिन लूथर किंग जूनियर

10. शांति की शुरुआत मुस्कान से होती है। ***–मदर टेरेसा***

11. जिस दिन प्रेम की शक्ति, शक्ति के प्रेम पर हावी हो जाएगी, इस दुनिया को शांति का भाव समझ आ जाएगा। ***–विलियम ग्लैडस्टोन***

109

अधिकार

1. अधिकारों की रक्षा कानून द्वारा नहीं बल्कि सामाजिक और नैतिक चेतना द्वारा की जाती है। ***–बी.आर. अंबेडकर***

2. यदि अभिव्यक्ति की स्वतंत्रता छीन ली जाए, तो भेड़ों की तरह मूर्ख और मौन होने के कारण वध के लिए ले जाए जाएँगे। ***–जॉर्ज वाशिंगटन***

3. जब किसी एक व्यक्ति के अधिकार खतरे में आते हैं तो हर व्यक्ति के अधिकार खत्म हो जाते हैं। ***–जॉन एफ. कैनेडी***

4. न्याय में देरी न्याय से वंचित होना है। ***–मार्टिन लूथर किंग***

5. जो भी अधिकार मनुष्य होने के नाते मेरा है, वही अधिकार दूसरे का भी है; यह मेरा कर्तव्य है कि मैं इसे प्राप्त करूँ और दूसरे के अधिकार बनाए रखने में भी मदद करूँ। ***–थॉमस पेन***

6. आपको जो कहना है मैं उससे सहमत नहीं हूँ, लेकिन मैं मरते दम तक आपके वाक्–स्वातंत्र्य की रक्षा करूँगा। ***–वॉल्टेयर***

110

धर्म

1. जब मैं अच्छा करता हूँ तो मुझे अच्छा लगता है। जब मैं बुरा करता हूँ, तो मुझे बुरा लगता है, यही मेरा धर्म है। *–अब्राहम लिंकन*

2. भारत एक ऐसा देश है जिसमें हर महान धर्म का स्थान है। *–एनी बेसेंट*

3. मनुष्य केवल इसलिए पीड़ित होता है क्योंकि वह देवताओं की बनाई उन वस्तुओं को गंभीरता से लेता है, जो वास्तव में उसने मनोरंजन के लिए बनाई हैं। *–एलन विल्सन वाट्स*

4. धर्म पशु–प्रशिक्षण की उत्कृष्ट कला है जो मनुष्य को सोचना सिखाती है। *–आर्थर शोपेनहावर*

5. सभी प्राणियों पर दया करो; यही सच्चा धर्म है। *–बुद्ध*

6. यह धारणा कि विज्ञान और अध्यात्म पारस्परिक रूप से विशिष्ट हैं, दोनों के प्रति अपकार है। *–कार्ल सैगन*

7. वह जो बिना सबूत के दृढ़तापूर्वक कहा नहीं जा सकता, बिना सबूत के खारिज भी किया जा सकता है। *–क्रिस्टोफर हिचेन्स*

8. विज्ञान और धर्म में कोई संघर्ष नहीं है। समझने के लिए विज्ञान अभी बहुत प्रारंभिक अवस्था में है। *–डैन ब्राउन*

9. यह मेरा सरल धर्म है। मंदिरों की जरूरत नहीं। जटिल दर्शन की भी आवश्यकता नहीं। आपका अपना हृदय मंदिर है। दयालुता आपका जीवन–दर्शन है। *–दलाई लामा*

10. मेरे दोस्त! सारे धर्म बस छल, भय, लोभ, कल्पना और काव्य से विकसित हुए हैं। *–एडगर एलन पो*

11. धर्म के बिना विज्ञान लंगड़ा और विज्ञान के बिना धर्म अंधा है। ***–आइंस्टीन***

12. सभी चिंतक नास्तिक होते हैं। ***–अर्नस्ट हेमिंग्वे***

13. क्या मनुष्य परमेश्वर की केवल गलती है? या परमेश्वर मनुष्य की?

–फ्रेडरिक नीत्शे

14. धर्म जूतों के जोड़े की तरह है...ऐसा ढूँढ़ो जो तुम्हें ठीक आता हो लेकिन मुझे जबरदस्ती अपने जूते मत पहनाओ। ***–जॉर्ज कार्लिन***

15. नास्तिकता मानव जाति के लिए बहुत ही मूर्खतापूर्ण और घृणित है।

–आइजाक

16. भगवान का कोई धर्म नहीं है। ***–महात्मा गाँधी***

17. दुनिया में इतने भूखे लोग हैं कि उन्हें भगवान केवल रोटी में दिखाई देते हैं।

–महात्मा गाँधी

18. अपने दोस्तों के साथ दोस्ताना व्यवहार करना काफी आसान है। लेकिन दुश्मन को अपना बनाना धर्म की सर्वोत्कृष्टता है। बाकी सब कुछ व्यवसाय मात्र है।

–महात्मा गाँधी

19. हमारी वैज्ञानिक शक्ति ने आध्यात्मिक शक्ति को पछाड़ दिया है। हमारे पास निर्देशित मिसाइलें हैं और गुमराह मनुष्य। ***–मार्टिन लूथर किंग***

20. धर्म आम व्यक्ति को चुप रखने की उत्कृष्ट सामग्री है। धर्म गरीबों को अमीरों की हत्या करने से रोकता। ***–नेपोलियन बोनापार्ट***

ᏅᏋᏇ

111

तर्क

1. कभी भी किसी बात पर विश्वास न करें जब तक आपका अपना तर्क या आपकी बुद्धि सहमति न दे। चाहे आप कहीं भी पढ़ें, किसी ने भी कहा हो, चाहे मैंने ही क्यों न कहा हो। *–बुद्ध*

2. हर बात पर संदेह करें। अपना आलोक स्वयं खोजें। *–बुद्ध*

3. किसी भी बात के लिए पूर्णतया निश्चित न होना, तार्किकता का आवश्यक गुण है। *–बर्ट्रेंड रसेल*

4. जहाँ पूर्वाग्रह मजबूत होता है वहाँ तर्क हमेशा कमजोर पड़ जाता है। *–नॉर्मन मैकडोनाल्ड*

5. अन्त:प्रेरणा और तर्क की एक–दूसरे को खारिज करने की आदत है। *–मैक्स बीरबॉम*

6. बल की धमकी के बजाय तर्क की शक्ति विभिन्न राष्ट्रों के मेल का कारण होनी चाहिए। *–केल्विन कूलिज*

7. जो व्यक्ति अपने तर्क से संतुष्ट नहीं रहता, उसे कोई चीज शांति नहीं दे सकती। *–बेंजामिन व्हिचकोट*

8. हम अपनी तर्कहीनता से बच नहीं सकते। हमे तर्कसंगत तरीके से तर्कशून्य होने की कला सीखनी होगी। *–एल्डस हक्सले*

9. दुनिया में तर्क कला न होने से बड़ा दुर्भाग्य कोई नहीं। *–मिखाइल बुल्गाकोव*

10. विवादों का निर्णय प्रभुत्व या अधिकारों के प्रभाव से नहीं बल्कि तर्कों के कारण होना चाहिए। *–जॉर्ज बर्कले*

112

शरणार्थी

1. कोई भी अपने बच्चों को नाव में तब तक नहीं बिठाता जब तक पानी जमीन से ज्यादा सुरक्षित न हो। *–वार्सन शायर*

2. शरणार्थी आतंकवादी नहीं होते। वे अक्सर आतंकवाद के पहले शिकार होते हैं। *–एंटोनियो गुटेरेस*

3. शरण माँगना एक मानवाधिकार है। *–एमनेस्टी इंटरनेशनल*

4. चूँकि शरणार्थी एक वैश्विक समस्या हैं, इसलिए उसके समाधान भी वैश्विक होने चाहिए। *–गिल लोशेर*

5. अधिक उत्पादनशील बनने की तलाश में पराग की तरह हवा में तैरते लोग। *–एंड्रयू क्रॉफ्ट्स*

6. शरणार्थी मनुष्य हैं, केवल आँकड़े नहीं। *–मिशेल रेम्पेल*

113
जिम्मेदारी

1. जिम्मेदारी से बचने का सबसे अच्छा तरीका है कि कहो, "मुझे बहुत जिम्मेदारियाँ मिली हैं।" *-रिचर्ड बाख*

2. यह कहना कि मेरे पास कोई विकल्प नहीं था, अपनी जिम्मेदारियों से बचना है। *-पैट्रिक नेस*

3. जिम्मेदारी का अर्थ यह स्वीकार करना है कि आप मामले का कारण और समाधान हैं। *-अज्ञात*

4. मानव का केवल एक ही मूल अधिकार है और वह है कि आपको जो अच्छा लगे, वह करें। लेकिन इस अधिकार के साथ आता है एक बुनियादी कर्तव्य और वह है कि जो किया है, उसके परिणामों को स्वीकार करना। *-पी.जे. ओ'रुर्के*

5. आपका जीवन उस दिन से बदलना शुरू हो जाता है जिस दिन से आप अपने जीवन की जिम्मेदारी लेते हैं। *-स्टीव मारबोली*

6. जो लोग विचार और तर्क की जिम्मेदारी को अस्वीकार करते हैं, वे दूसरों की सोच पर परजीवी के रूप में जीवित रहते हैं। *-आयन रैंड*

7. अधिकांश लोग वास्तव में स्वतंत्रता नहीं चाहते क्योंकि स्वतंत्रता में जिम्मेदारी शामिल होती है, और अधिकांश लोग जिम्मेदारी लेने से डरते हैं। *-सिगमंड फ्रॉयड*

8. असाधारण ताकत (सत्ता और अधिकार) के साथ बड़ी जिम्मेदारियाँ भी आनी चाहिए। *-स्टेन ली*

9. अपने कृत्यों के परिणामों से बचने की कोशिश करना गलत और अनैतिक है। *-महात्मा गाँधी*

10. आजादी का मतलब जिम्मेदारी है। इसीलिए अधिकांश लोग इससे डरते हैं।

-जॉर्ज बर्नार्ड शॉ

11. स्वतंत्रता स्वयं के लिए जिम्मेदार होने की इच्छाशक्ति है।

-फ्रेडरिक नीत्शे

12. सत्ता के प्रति आत्म-समर्पण का सबसे दूरगामी परिणाम, जिम्मेदारी की भावना का गायब होना है। *-स्टेनली मिलग्राम*

ശ്ശ

बदला

1. बदला लेने की यात्रा शुरू करने से पहले दो कब्रों की खुदाई करें।
   –कन्फ्यूशियस

2. 'आँख के बदले आँख' की भावना दुनिया को केवल अंधा बना सकती है।
   –महात्मा गाँधी

3. आमतौर पर कहा जाता है कि प्रतिशोध मीठा और आकर्षक होता है, लेकिन शांत और विचारशील मन, धैर्य और क्षमा अधिक मधुर हैं। *–इसहाक बैरो*

4. प्रतिशोध भूत की तरह होता है। यह जिसको भी छूता है हर उस आदमी पर हावी हो जाता है। उसकी प्यास तब तक नहीं बुझ सकती जब तक वह आखिरी मनुष्य को गिरा न दे। *–व्लादमीर मकारोव*

5. बदला लेने वाले आदमी की तुलना में औरत ज्यादा बर्बर होती है।
   –फ्रेडरिक नीत्शे

6. वह, जिसके पास बदला लेने की शक्ति है, उसका उपयोग न करे, वही महान है। *–वेलिंस कैलकॉट*

7. बदला हमेशा मीठा नहीं होता, एक बार समाप्त होने पर हम हीन महसूस करते हैं। *–एमिल सियोरान*

8. बदला व्यक्तिगत और निजी होता है इसलिए नियंत्रण से बाहर हो जाता है।
   –अर्नेस्ट लुकास

9. बदला लेने की भावना का स्वीकार इस तथ्य को स्वीकार करना है कि आपको कुचल दिया गया है और आपको दुबारा खड़ा होना है। कुछ लोग स्वयं को इस सच्चाई से अवगत करा देते हैं। *–लॉरा ब्लुमेनफेल्ड*

10. प्रतिशोध ऐसा कीटाणु है जो आपके मस्तिष्क को खा जाता है और आपकी पूरी आध्यात्मिकता का विनाश कर देता है। *–जेम्स एलेन*

115

संभोग

1. बिस्तर में किया कोई भी काम अनैतिक नहीं है अगर वह प्यार को कायम रखने में मददगार है। *–गेब्रियल गार्सिया मार्केज*

2. संभोग भी बातचीत का एक रूप है जहाँ आप शब्दों का इस्तेमाल नहीं करते। *–डी. एच. लॉरेंस*

3. प्रेम का आशीर्वाद तब मिलता है, जब वह शरीर के माध्यम से आत्मा की मदिरा पीता है। *–रिचर्ड गार्नेट*

4. शारीरिक आकर्षण आपके पास 50% होता है और 50% वह होता है जो लोग सोचते हैं कि आपके पास है। *–सोफिया लॉरेन*

5. पुनर्जन्म के नौ कारणों में से एक है संभोग...अन्य आठ महत्त्वहीन हैं। *–हेनरी मिलर*

6. इस दुनिया में संभोग के अलावा सब कुछ संभोग के बारे में है। संभोग एक शक्ति है। *–ऑस्कर वाइल्ड*

7. सभ्य लोग अपनी कामुकता की वृत्ति को बिना प्रेम के पूरी तरह से संतुष्ट नहीं कर सकते। *–बर्ट्रेंड रसेल*

8. यौन मामलों में इंसान का व्यवहार अक्सर अन्य आयामों के प्रति प्रतिक्रियाओं की तुलना में आदर्श होता है। *–सिगमंड फ्रायड*

9. आदमी और औरत का प्यार क्या है ? कॉर्क और बोतल के जैसा। *–जेम्स जॉयस*

10. मैं सवाल नहीं जानता, लेकिन संभोग निश्चित रूप से उत्तर है। *–वुडी एलेन*

11. यदि संभोग मनुष्य को संतुष्ट न करे तो वह मनुष्य के जीवन को आप्लावित कर देता है। *–वाल्टर लिपमैन*

12. मैंने हमेशा उन लोगों को नैतिकता के प्रति अधिक संवेदनशील पाया है जिन्हें संभोग का मौका न मिला हो। *–एम.सी. बैटन*

13. संभोग युक्त जीवन में कोई आपत्ति नहीं है जब तक वे सड़क पर ऐसा नहीं करते और घोड़ों को नहीं डराते। *–श्रीमती पैट्रिक कैम्पबेल*

14. किसी भी स्त्री को संभोग के बल पर अपने वश में करने की क्रिया उतनी ही निराशाजनक है जितनी कि गुलाब की गंध को अपने वश में करने के लिए पकाकर खाने की कोशिश। *–कॉलिन विल्सन*

15. मेरे प्रभु! स्वाभाविक रूप से सभी पुरुष और स्त्रियाँ शामिल हुए। *–होमर*

ભ્ર

116

मौन

1. मौन ईश्वर की भाषा है, बाकी सब तुच्छ अनुवाद है। *–रूमी*

2. जब शब्द नहीं बोलते तो मौन बोलता है। *–अज्ञात*

3. जब आपके पास कहने के लिए कुछ न हो, तो कुछ न कहें। *–चार्ल्स कालेब कोल्टन*

4. ईश्वर मौन के मित्र हैं। देखिए कैसे प्रकृति–पेड़, फूल, घास–मौन में बड़े होते हैं; सितारों को देखें– चंद्रमा और सूर्य को देखें–कैसे वे मौन में विचरण करते हैं। *–मदर टेरेसा*

5. मौन सत्य की जननी है। *–बेंजामिन डिजरायली*

6. बुद्धिमान लोग खतरे के समय कुछ नहीं कहते। *–ईसप*

7. मौन एक महान शांतिदूत है। *–हेनरी वर्ड्‌सवर्थ लॉन्गफेलो*

8. जो तुम्हारी खामोशी को नहीं समझ सकता, वह तुम्हारे शब्द भी शायद ही समझ पाए। *–एल्बर्ट हबर्ड*

9. प्रजा का मौन राजाओं के लिए एक सबक है। *–सोनेन, सेनॉक्स के बिशप*

10. एक विवेकपूर्ण चुप्पी, परोपकार की भावना के बिना बोले गए सत्य से बेहतर होती है। *–डी सेल्स*

ↄ३ⅸↄ

117

खेल

1. खेल चरित्र का निर्माण नहीं करते। वे उसे केवल प्रकट करते हैं। *–जॉन वुडन*

2. जैसा कि मैं समझता हूँ, खेल कड़ी मेहनत है जिसके लिए आपको भुगतान नहीं मिलता है। *–इरविन एस. कॉब*

3. खेल मनुष्य के चारित्रिक परीक्षण का सबसे उत्कृष्ट उपकरण है। *–ओलॉस मैग्नस*

4. मैं हमेशा सबसे पहले खेल के पन्नों की ओर रुख करता हूँ, जो लोगों की उपलब्धियों की जानकारी देता है। मुखपृष्ठ तो मनुष्य की विफलताओं के अलावा कुछ नहीं बताता। *–अर्ल वारेन*

5. सच्चे अर्थों में खेल (प्रतिस्पर्धा) केवल तीन हैं: सांड़ की लड़ाई, मोटर दौड़ और पर्वतारोहण; बाकी सब सिर्फ खेल (मनोरंजन के लिए) हैं। *–अर्नेस्ट हेमिंग्वे*

6. अभ्यास में आप जितना अधिक पसीना बहाते हैं, उतना ही कम खून जंग में बहाना पड़ता है। *–अज्ञात*

7. खेल स्वास्थ्य का संरक्षक है। *–क्रेट्स*

8. प्रतियोगिता खेल का मसाला है; लेकिन अगर आप मसाले को ही खाना बना देंगे तो आप बीमार हो जाएँगे। *–जॉर्ज लियोनार्ड*

9. खेल ही एकमात्र मनोरंजन है जहाँ आप कितनी बार भी वापस जाएँ, आप नहीं जानते कि कहाँ समापन होगा। *–नील साइमन*

10. खेल वह नहीं होता जो दुनिया से गायब हो जाए, वह धीरे–धीरे आपके जीवन से गायब होता है। *–गेराल्ड हुआंग*

11. दुनिया में अधिकतर लोग मानव अधिकारों से ज्यादा खेलों से सरोकार रखते हैं। *–एस. पी. हंटिंगटन*

118

सतत विकास

1. हमारे पास कोई योजना 'ख' नहीं है क्योंकि हमारे पास कोई ग्रह 'ख' नहीं है। हमें इस ग्रह के लिए आत्म-प्रेरित होकर ही कार्य करना है। *–बान की मून*

2. वन हमारी धरती के फेफड़े हैं। *–फ्रैंकलिन डी. रूजवेल्ट*

3. चूँकि हम आनेवाली पीढ़ियों के बारे में नहीं सोचते हैं, इसलिए वे हमें कभी नहीं भूलेंगे। *–हेनरिक टिककानेन*

4. हमारे पूर्वजों ने मानवता के लिए महान कार्य किए। हम आने वाली पीढ़ियों के लिए क्या करेंगे? *–लैला गिफ्टी अकिता*

5. धरती रूपी अंतरिक्ष यान पर कोई यात्री नहीं है। हम सभी चालक दल के सदस्य हैं। *–मार्शल मैकलुहान*

6. हम जो चाहते हैं, उसे करने का कोई तो बेहतरीन तरीका होगा जिससे आसमान भी प्रदूषित न हो और न ही वर्षा और धरती। *–पॉल मेकार्टनी*

7. पर्यावरणीय स्थिरता के बिना, आर्थिक स्थिरता और सामाजिक एकता हासिल नहीं की जा सकती। *–फिल हार्डिंग*

8. या तो स्थिरता रहेगी या हम। *–नियाल फिट्जगेराल्ड*

9. जनसंख्या के लाभ के लिए पर्यावरण को नियंत्रित करने के बजाय, पर्यावरण के अस्तित्व को सुनिश्चित करने के लिए जनसंख्या को नियंत्रित करना चाहिए। *–डेविड एटनबरो*

10. सतत विकास हमारे बच्चों के लिए दुनिया को विश्वसनीय तरीके से बनाए रखने का प्रयास है। *–माइकल मेचर*

119

आत्महत्या

1. आत्महत्या का विचार एक बड़ी सांत्वना है: इसके द्वारा मनुष्य अँधेरी रात से गुजर जाता है। *–नीत्शे*

2. आत्महत्या अस्थायी समस्या का स्थायी समाधान है। *–फिल डोनह्यू*

3. लोगों का मत है कि 'आत्महत्या स्वार्थ है'। आजीविका कमाने हेतु पादरी एक कदम आगे जाकर आत्महत्या को 'जीवन पर कायर हमला' कहता है। मूर्ख इस वाक्य पर अलग-अलग कारणों से तर्क प्रस्तुत करते हैं: दोषारोपण से बचने के लिए; विशिष्ट मानसिक विचार से दर्शकों को प्रभावित करने के लिए; गुस्सा निकालने के लिए या सहानुभूति की पीड़ा के अभाव में। कायरता का इससे कोई लेना-देना नहीं है-आत्महत्या के लिए भी हिम्मत चाहिए। क्या जापानियों का विचार सही है? नहीं! आत्महत्या में स्वार्थ है-किसी और असह्य अस्तित्व को सहन करना तथा मित्र, परिवार और दुश्मनों को आत्मविश्लेषण से वंचित रखना। *–डेविड मिशेल*

4. मैं लगातार खुद को और अपने आसपास के लोगों को मारने के संघर्ष में फँसा हुआ हूँ। *–डेविड लेविथान*

5. आत्महत्या का जुनून मानव की ऐसी विशेषता है जहाँ मनुष्य न जीता है न मरता है और उसका ध्यान इस दोहरेपन से हटता भी नहीं। *–एमिल सियोरान*

6. अज्ञानी होकर मरने से कर्म करते हुए खत्म होना बेहतर है। *–नील यंग*

7. खुद को मारना उदासीनता का लक्षण था इसीलिए मैंने सोचा मैं ऐसे क्षण की प्रतीक्षा करूँ जहाँ मेरा मरना किसी के लिए फायदेमंद हो।
–फ्योदोर दोस्तोएव्स्की

8. आत्महत्या वास्तव में एक गंभीर दार्शनिक समस्या है। इस बात का निर्णय करना कि जीवन जीने लायक है या नहीं, दार्शनिकता के मूलभूत प्रश्न का उत्तर देने के लिए बहुत है। निर्णय लेना कि क्या जीवन के बाकी सभी प्रश्न–इस दुनिया के तीन आयाम हैं या इस मस्तिष्क की नौ श्रेणियाँ हैं या बारह–बाद में आते हैं। ये सभी खेल हैं; पहले इसका उत्तर जरूरी है। ***–अल्बेयर कामू***

9. आत्महत्या की तुलना उपलब्धियों से करना निस्संदेह ही गलत होगा क्योंकि आत्महत्या कायरता के अलावा कुछ नहीं। आखिरकार कष्टदायक जीवन को दृढ़ता से सहने और जीने से मरना आसान है। ***–जोहान वोल्फगैंग वान गोएथे***

10. लेकिन अंत में जीने के लिए खुद को मारने से ज्यादा जीने के लिए साहस की जरूरत पड़ती है। ***–अल्बेयर कामू***

☙❧

120

पाप

1. सात घातक पाप– काम के बिना धन; विवेक के बिना आनंद; मानवता के बिना विज्ञान; चरित्र के बिना ज्ञान; सिद्धांतों के बिना राजनीति; नैतिकता के बिना वाणिज्य; बलिदान के बिना पूजा। ***–महात्मा गाँधी***

2. दूसरे के दोष (पाप) गिनाने से आप संत नहीं बन जाते। ***–अज्ञात***

3. पापी से प्रेम करो और पाप से घृणा करो। ***–सेंट ऑगस्टीन***

4. जो पाप करे, वह मनुष्य; जो उस पर शोक करे, वह संत; और जो उस पर घमंड करे, वह शैतान है। ***–थॉमस फुलर***

5. सभी पाप व्यसन के सामान होते हैं, लेकिन व्यसन के अंतिम बिंदु को धिक्कार कहते हैं। ***–डब्ल्यू. एच. ऑडेन***

6. सभी प्रकार के प्रलोभनों से छुटकारा पाने का एकमात्र तरीका है–इसके लिए झुकना। ***–ऑस्कर वाइल्ड***

7. आनंद पाप है, और कभी–कभी पाप आनंद है। ***–लॉर्ड बायरन***

8. इतिहास इस बात का गवाह है कि मनुष्य के पाप उसे ढूँढ़ ही लेते हैं; लेकिन मनुष्य इस दावे से पीछे नहीं हटता कि वे नहीं ढूँढ़ेंगे। ***–एडगर वॉटसन होवे***

9. हर पाप के लिए क्षमा है, और विशेष रूप से युवावस्था के पापों के लिए। ***–मार्सेल प्राउस्ट***

10. पाप अपने सामान्य प्रगति पथ पर पहले धोखा देता है, फिर व्यक्ति को कठोर बनाता है, और फिर उसे नष्ट कर देता है। ***–जॉन थॉर्नटन***

121

आत्मा

1. जब आप अंत:करण से कोई काम करते हैं, तो आप अपने अंदर खुशी की नदी बहते हुए पाते हैं। *–रूमी*

2. दुनिया की इकलौती खूबसूरत चीज जिसकी खूबसूरती हमेशा रहती है, वह है एक शुद्ध और निष्पक्ष आत्मा। *–ब्रैम स्टोकर*

3. जरूरत पड़ने पर चाहे अपने पहनावे में लापरवाही बरतें, लेकिन आत्मा को हमेशा शुद्ध रखें। *–मार्क ट्वेन*

4. हर उस आवाज को प्रतिक्रिया दें जो आपकी आत्मा को प्रेरित करे। *–रूमी*

5. दूर होने में इतना दर्द इसीलिए होता है क्योंकि हमारी आत्माएँ आपस में जुड़ी हुई हैं। *–निकोलस स्पार्क्स*

6. कल्पना आत्मा का नेत्र है। *–जोसेफ जोबर्ट*

7. अलविदा सिर्फ उनके लिए है जो केवल आँखों से प्रेम करते हैं। क्योंकि जो रूह से प्रेम करते हैं, उनके लिए अलगाव जैसी कोई चीज नहीं है। *–रूमी*

8. जब तक मनुष्य किसी जानवर से प्रेम नहीं करता, तब तक उसकी आत्मा का एक हिस्सा सुप्तावस्था में रहता है। *–अनातोले फ्रांस*

9. किसी भी आत्मा की संपत्ति इस बात से नापी जाती है कि वह कितना महसूस करता है; और गरीबी इस बात से कि वह कितना कम महसूस कर पाता है। *–विलियम राउन्सविले अल्जीरिया*

10. मेरी आत्मा कहीं और है, मुझे उस पर यकीन है कि वहीं जाकर मिल जायेगी। *–मवलाना जलाल-अल-दीन रूमी*

11. आत्मा अक्सर शरीर से अधिक भूखी होती है, और उसका खाना किसी दूकान पर नहीं मिलता। *–हेनरी वार्ड बीचर*

122

समाजवाद

1. लोकतंत्र का मार्ग समाजवाद का मार्ग है और समाजवाद अंततः साम्यवाद की ओर ले जाता है। ***–कार्ल मार्क्स***

2. साम्यवाद और समाजवाद में कोई अंतर नहीं है सिवाय अंतिम लक्ष्य को पाने के संसाधनों में; साम्यवाद मनुष्यों को बल से गुलाम बनाने का प्रस्ताव रखता है तो समाजवाद मतदान से। इनमें उतना ही अंतर है जितना हत्या और आत्महत्या के बीच। ***–आयन रैंड***

3. समाजवादी वह होता है जिसके पास कुछ नहीं, और वह उसे भी आपस में बराबर बाँटने के लिए तैयार होता है। ***–जॉर्ज बर्नार्ड शॉ***

4. समाजवाद के साथ समस्या यह है कि आप अंततः दूसरों द्वारा दिए गए पैसे भी खत्म कर देते हैं। ***–मार्गरेट थैचर***

5. हाँ, समाजवाद में अमीर गरीब हो जाएगा तथा गरीब और गरीब हो जाएगा। लोगों की कड़ी मेहनत करके रोजगार पैदा करने में दिलचस्पी खत्म हो जाएगी। ***–थॉमस पीटरफी***

6. समाजवाद एक सपने की तरह है। कभी-न-कभी आप वास्तविकता के प्रति जागरूक होंगे। ***–विंस्टन चर्चिल***

7. समाजवाद धर्म का ही दूसरा रूप है, भ्रमित करने वाला। ***–जॉन स्टीनबेक***

8. व्यक्तिगत संपत्ति के अधिकारों का अस्वीकार, समाजवाद की अनिवार्य विशेषता है। ***–आयन रैंड***

123

समाज

1. मैं एक समुदाय की प्रगति इस बात से आँकता हूँ कि महिलाओं ने कितनी प्रगति की। *-अंबेडकर*

2. सर्वहारा वर्ग के पास जंजीरों के अलावा खोने के लिए कुछ नहीं है। *-कार्ल मार्क्स*

3. क्रांतियाँ इतिहास की स्वचालित यंत्र (इंजन) होती हैं। *-कार्ल मार्क्स*

4. प्रत्येक से उसकी योग्यता के अनुसार, उसकी आवश्यकताओं के अनुरूप तक। *-कार्ल मार्क्स*

5. इतिहास खुद को दोहराता है, पहले त्रासदी के रूप में, दूसरा प्रहसन के रूप में। *-कार्ल मार्क्स*

6. मुझे यथास्थिति बनाए रखने में कोई दिलचस्पी नहीं है; मैं इसे उखाड़ फेंकना चाहता हूँ। *-निकोल मैकियावेली*

7. जातिवाद इस बारे में नहीं है कि आप कैसे दिखते हैं, यह इस बारे में है कि लोग इस बात को क्या महत्व देते हैं कि आप कैसे दिखते हैं। *-रॉबिन केली*

8. बिना परंपरा के कला ऐसी है जैसे बिना चरवाहे के भेड़ों का झुंड। बिना नवाचार के वह लाश की तरह है। *-विंस्टन चर्चिल*

9. मनुष्य ने उस दिन महान कदम आगे बढ़ाया गया जब उसने यह समझ लिया कि दूसरों को यातना देने के लिए सभी को अधिक कुशलता से इकट्ठा होना होगा और स्वयं को समाज के रूप में संगठित करना होगा। *-एमिल सियोरान*

10. समाज दो महान वर्गों से निर्मित है-पहला, जिनके पास भूख से ज्यादा खाना है, और दूसरा वह, जिसके पास खाने से अधिक भूख है। *-चैम्फोर्ट*

11. जो छत्ते के लिए अच्छा नहीं हो सकता, वह मधुमक्खियों के लिए भी अच्छा नहीं हो सकता। *-मार्कस ऑरेलियस*

124

विज्ञान

1. मुझे उस दिन का भय है जब तकनीक मानव संपर्क का दमन कर देगी और दुनिया मूर्खों की संतति बन जाएगी। *–अल्बर्ट आइंस्टीन*

2. इंटरनेट कल के वैश्विक गाँव का टाउन स्क्वायर बन रहा है। *–बिल गेट्स*

3. यह अत्यधिक अस्थिर करने वाला विचार है कि आधा विश्व प्रौद्योगिकी की अत्याधुनिक तकनीक के सहारे जी रहा है और बाकी विश्व केवल अपने अस्तित्व के लिए संघर्ष कर रहा है। *–बिल क्लिंटन*

4. सोशल मीडिया के बारे में सबसे अच्छी बात यह है कि उसने किस तरह बेजुबानों को भी आवाज दी। *–जॉन रॉनसन*

5. विज्ञान के बिना सब कुछ चमत्कार है। *–लॉरेंस एम. क्रॉस*

6. विज्ञान ऐसा जादू है जो काम करता है। *–कर्ट वोनगुट*

7. विज्ञान आपको चाँद पर ले जाता है। धर्म इमारतों में। *–विक्टर जे. स्टेंगर*

8. यह रचनात्मकता और संदेह के बीच का तनाव ही है जिसने विज्ञान के आश्चर्यजनक और अप्रत्याशित निष्कर्ष पैदा किए हैं। *–कार्ल सैगन*

9. विज्ञान ने हमें देवता बना दिया है जबकि हम मनुष्य कहलाने के लायक भी नहीं। *–जीन रोस्टैंड*

10. विज्ञान जितनी प्रगति करेगा, आदिम बनने का खतरा उतना ही अधिक है। *–डॉन डेलिलो*

11. विज्ञान का वास्तविक और वैध लक्ष्य है नई वस्तुओं का मानव जीवन में प्रबंध। *–फ्रांसिस बेकन*

12. विज्ञान अनुभवों का व्यवस्थित वर्गीकरण है। *–जॉर्ज हेनरी लुईस*

13. आज के जीवन का सबसे दुखद पहलू यह है कि विज्ञान जितनी तेजी से ज्ञान बटोर रहा है, उतनी तीव्रता से समाज समझदारी और विवेक बुद्धि नहीं बटोर पा रहा। *–इसहाक असिमोव*

14. विज्ञान में तथ्य चाहे कितने ही तुच्छ या साधारण क्यों न हों, लोकतांत्रिक समानता का आनंद लेते हैं। *–मैरी मैकार्थी*

15. विज्ञान...सामान्य ज्ञान का आयोजन है। *–जोसेफ एलेक्जेंडर लीटन*

125

सफलता

1. सफलता यह नहीं है कि आप कितना पैसा कमाते हैं, सफलता वह है कि आप दूसरों के जीवन में कितना बदलाव ला पाते हैं। *–मिशेल ओबामा*

2. सफलता की कुंजी असफलता है। *–माइकल जॉर्डन*

3. मैंने अपने करियर में 9,000 से अधिक शॉट गँवाए हैं। मैंने लगभग 300 गेम हारे। छब्बीस बार, खेल जीतने वाले शॉट लगाने के लिए मुझ पर भरोसा किया गया लेकिन मैं चूक गया। *–माइकल जॉर्डन*

4. हमारी सबसे बड़ी कमजोरी हार मान लेना है। सबसे अधिक सफल होने का एक निश्चित तरीका है–एक बार और कोशिश करना। *–थॉमस ए. एडीसन*

5. जो लोग सबसे ज्यादा सफल होते हैं, ये वे लोग हैं जो सबसे ज्यादा असफल हुए; क्योंकि ये वे लोग हैं जिन्होंने सबसे ज्यादा कोशिश की। *–अज्ञात*

6. जिसे लोग सफलता कहते हैं, वह अगली विफलता की तैयारी है। *–अगस्त स्ट्रिंडबर्ग*

7. परमेश्वर हमसे सफल होने की अपेक्षा नहीं करता है; वह केवल यह चाहता है कि हम कोशिश करें। *–मदर टेरेसा*

8. एक मिनट की सफलता वर्षों की असफलता का भुगतान करती है। *–रॉबर्ट ब्राउनिंग*

9. हारने का नुकसान कब उठाना है, यह जानना सफलता पाने का हिस्सा है। *–टॉम पीटर्स*

10. ऐसा व्यक्ति जो अपने काम से प्रेम नहीं करता, उसके सफल होने की संभावना बहुत कम होती है क्योंकि हर सफलता का मूल्य मेहनत है। *–फ्रैंक चैपमैन शार्प*

126

आतंकवाद

1. बेगुनाह नागरिकों की अकारण हत्या आतंकवाद है, आतंकवाद के खिलाफ युद्ध नहीं।
   –नोम चोमस्की

2. आतंकवाद असंभव की माँग करने की युक्ति है, और वह भी बंदूक की नोक पर।
   –क्रिस्टोफर हिचेन्स

3. आतंकवाद युद्ध का व्यवस्थित हथियार बन गया है, जिसकी न कोई सीमा है और न ही कोई चेहरा।
   –जैक्स शिराक

4. दासता और डकैती की तरह आतंकवाद के लिए भी आधुनिक दुनिया में कोई स्थान नहीं।
   –जॉर्ज डब्ल्यू. बुश

5. आतंकवाद से लड़ना गोलकीपर होने जैसा है। आप सौ गोल शानदार तरीके से बचा सकते हैं लेकिन लोग वही शॉट याद रखते हैं जिसे आप नहीं बचा पाए और गोल हो गया।
   –पॉल विलकिन्सन

6. 'आतंकवाद के खिलाफ युद्ध' अव्यावहारिक धारणा है यदि इसका अर्थ आतंकवाद से आतंकवाद को समाप्त करना है।
   –जॉन मॉर्टिमर

7. आतंकवाद गरीबों के लिए युद्ध है और युद्ध अमीरों के लिए आतंकवाद।
   –पीटर उस्तीनोव

8. हम ग्रेनेडा से लेकर अफगानिस्तान तक सभी पर आक्रमण कर सकते हैं, लेकिन अगर कोई हमारी खून की एक बूँद भी गिराता है तो यह आतंकवाद है।
   –पॉल क्रिस्टोफर

9. आतंकवाद इरादतन और सोच–समझकर मासूमों पर किया गया हमला है।
   –बेंजामिन नेतन्याहू

10. हमें आतंकवाद के मूल कारणों को खोजना होगा जिससे इसे हमेशा के लिए खत्म किया जा सके...मेरा मानना है कि संसाधनों को बंदूकों पर खर्च करने की रणनीति से अच्छा होगा कि हम उन्हें गरीबों के जीवन को बेहतर बनाने के प्रयास में लगाएँ। ***–मुहम्मद यूनुस***

11. हमें आतंकवादियों और अपहरणकर्ताओं की उस प्रचार प्राणवायु को समाप्त कर उन्हें भूखों मारना होगा जिस पर वे निर्भर हैं। ***–मार्गरेट थैचर***

12. कार बम गरीब आदमी की वायु सेना है। ***–माइक डेविस***

13. आतंकवाद और बीमा दोनों ही भय बेचते हैं–और व्यापार तो व्यापार है। ***–लियाम मैककरी***

14. सुधारकों द्वारा स्थापित आतंकवाद सरकारी आतंकवाद जितना ही बुरा है, बल्कि उससे भी बदतर क्योंकि वह निश्चित मात्रा में असत्य सहानुभूति प्राप्त करता है। ***–महात्मा गाँधी***

127

प्रौद्योगिकी

1. प्रौद्योगिकी खुद के भोजन पर ही जीती है। प्रौद्योगिकी ही तकनीकी प्रगति को संभव बनाती है।
   –एल्विन टॉफलर

2. तकनीक के बारे में सबसे महत्त्वपूर्ण बात यह है कि वह किस प्रकार लोगों को बदल देती है।
   –जारोन लैनियर

3. प्रौद्योगिकी को मानव जाति को जीवन के बोझ से मुक्त करना चाहिए था, लेकिन इसके बजाय उसने जीवन के लिए नए बोझ बनाए।
   –ब्रायन हर्बर्ट और केविन जे. एंडरसन

4. हर पीढ़ी की सफलताएँ उसकी अगली पीढ़ी की तकनीकों द्वारा गलत सिद्ध की जाती हैं।
   –डैन ब्राउन

5. कोई भी पर्याप्त रूप से उन्नत तकनीक जादू से अविभाज्य है।
   –आर्थर सी. क्लार्क

6. यह भयावह रूप से स्पष्ट है कि तकनीक ने हमारी मानवता का अतिक्रमण कर लिया है।
   –अल्बर्ट आइंस्टीन

7. प्रौद्योगिकी में चीजें इतनी जल्दी उन्नत होती हैं कि जब तक हम उसे खरीद पाते हैं, तब तक बाजार में उससे कुछ बेहतर आ चुका होता है।
   –इवान एसार

8. प्रौद्योगिकी का मुख्य सामाजिक कार्य मानव गतिविधि के लिए नई संभावनाओं का सृजन करना है।
   –विलियम लेइस

9. सर्वोत्तम प्रौद्योगिकियाँ वे हैं जो पारदर्शी, अंतरंग और सहज ज्ञान युक्त हैं।
   –ब्रायन कूली

10. तकनीक एकजुट करने का वादा करती है और विभाजित करती है। हम में से प्रत्येक अब इलेक्ट्रॉनिक रूप में दुनिया से जुड़ा है पर फिर भी अकेला है।

–डैन ब्राउन

७४०

128

परंपरा

1. किसी भी पारंपरिक रिवाज को सही सिद्ध करना जितना मुश्किल है; उतना ही मुश्किल उससे छुटकारा पाना है। ***-मार्क ट्वेन***

2. परंपरा उन शब्दों में से एक शब्द है जिसका प्रयोग रूढ़िवादी लोग अपनी छोटी सोच को प्रस्तुत करने के लिए करते हैं। ***-वॉरेन एलिस***

3. कभी-कभी परंपरा और आदत चीजों को जस-का-तस छोड़ने का आरामदायक बहाना है चाहे वे कितनी ही अन्यायपूर्ण और अनुचित हों। ***-मैथ्यू स्कली***

4. हमें बुनियादी बातों की तलाश करने की जरूरत है, न कि पुराने समय में जन्मी परंपराओं की, जब लोग आज की तुलना में बहुत कम जानते थे। ***-थॉमस ए. एडीसन***

5. कभी-कभी परंपराएँ ऐसे अलिखित नियमों में बदल जाती हैं जिन्हें हम तोड़ना नहीं चाहते। ***-जे. फेनी***

6. संस्कृति परंपरा की लता पर विकसित होती है। ***-जोनाह गोल्डबर्ग***

7. परंपरा एक मार्गदर्शक है, जेलर नहीं। ***-डब्ल्यू. समरसेट मौघम***

8. सांस्कृतिक परंपराओं का उत्सव साथ में मनाना, विभाजन को पाटने (कम करने) का एक तरीका हो सकता है। ***-केमजॉबर***

9. जिस पक्षी को परंपरा और पूर्वाग्रहों के मैदान से ऊपर उड़ना होता है, उसके पंख मजबूत होने चाहिए। ***-डगलस एडम्स***

10. आप अपनी परंपरा को नहीं समझ सकते यदि आप उसे दूसरों के संबंध में न देखें। ***-जॉन सर्ले***

129

यात्रा

1. जरूरी नहीं कि जो भटकें, सभी खो जाएँ। ***–जे. आर. आर. टॉल्किन***

2. यात्रा बिना दीवारों के एक विश्वविद्यालय की तरह है। ***–अनीता रोडिक***

3. दुनिया एक किताब है, और वे जो यात्रा नहीं करते, केवल एक पृष्ठ पढ़ते हैं। ***–सेंट ऑगस्टीन***

4. हम में से कुछ हमेशा यात्रा करते हैं अन्य राज्यों की तलाश में, कुछ अन्य जीवों की तलाश में और कुछ अन्य रूहों की तलाश में। ***–अनास निन***

5. यात्रा पूर्वाग्रह, कट्टरता और संकीर्णता के लिए घातक है और हममें से कई लोगों को यह यात्रा करने की सख्त जरूरत है। ***–मार्क ट्वेन***

6. मेरे यात्रा करने का कारण वही है जो लिखने का है–दुनिया में ऐसी जगह खोजने की कोशिश जहाँ घर जैसा महसूस हो। ***–हिलेरी सॉन्डर्स***

7. दूर तक यात्रा करें, आप खुद से मिलेंगे। ***–डेविड मिशेल***

8. आप जहाँ भी जाते हैं किसी–न–किसी तरह वह आपका हिस्सा बन जाता हैं। ***–अनीता देसाई***

9. एक लुढ़कते हुए पत्थर का कोई वजन नहीं होता। ***–पब्लियस साइरस***

10. "जियो, यात्रा करो, साहसिक कार्य करो और दूसरों को दुआ दो...खेद मत करो।" ***–जैक केरौक***

11. भीतर की यात्रा ही एकमात्र यात्रा है। ***–रेनर मारिया रिल्के***

130

विश्वास

1. सबसे अच्छी सुरक्षा ? किसी पर विश्वास न करें। *–मैट असाय*

2. विश्वास तब पक्का हो जाता है जब आपके कार्य शब्दों का पीछा करते हैं। *–जॉर्ज डेविड मिलर*

3. प्रत्येक विश्वासघात विश्वास से शुरू होता है। *–फिश*

4. जैसे ही आप खुद पर भरोसा करेंगे, आपको जीने का तरीका आ जाएगा। *–जोहान वोल्फगैंग वॉन गोएथे*

5. झूठे व्यक्ति का सबसे उपयोगी हथियार मासूम का उसके प्रति विश्वास होता है। *–स्टीफन किंग*

6. विश्वास किसी भी रिश्ते का फल है जिसमें आप जानते हैं कि लोग आपसे प्यार करते हैं। *–डब्ल्यू. एम. पॉल यंग*

7. विश्वास मुद्रा है...क्या आप समझदारी से निवेश कर रहे हैं ? *–विलियम विक्की*

8. बुरे लोग किसी पर भरोसा नहीं करते क्योंकि वे जानते हैं कि वे स्वयं भी विश्वासघात करते हैं। *–डीन कोन्ट्ज*

9. जो सभी पर भरोसा करते हैं, वे मूढ़ हैं; पर जो भरोसा करते ही नहीं, वे उससे भी बड़े मूर्ख हैं। *–पोप पायस I*

10. मुश्किल में पड़े आदमी की सलाह पर कभी भरोसा न करें। *–ईसप*

11. उस पर कम भरोसा करें जो सभी की प्रशंसा करता है, और उस पर और भी कम जो सबकी बातों के प्रति उदासीन है। *–जोहान कास्पर लैवेटर*

12. आत्मविश्वास ही सफलता का पहला रहस्य है। ***–राल्फ वाल्डो इमर्सन***

13. प्रेम विश्वास के पीछे चलता है; हम तभी किसी से प्रेम कर सकते हैं, जब हम किसी पर विश्वास करें। ***–शीना अमीन***

14. भरोसा किया जाना, प्रेम किए जाने से बेहतर उपलब्धि है।

–जॉर्ज मैकडोनाल्ड

ॐ

131

सत्य

1. अगर आप सच बोलते हैं, तो आपको कुछ भी याद रखने की जरूरत नहीं पड़ती।
–मार्क ट्वेन

2. "जब तक सच्चाई जूते पहन रही होती है, तब तक झूठ आधी दुनिया की सैर कर चुका होता है।"
–मार्क ट्वेन

3. सत्य कल्पना से अलग होता है, क्योंकि कल्पना संभावनाओं से चिपके रहने के लिए बाध्य है; सत्य नहीं।
–मार्क ट्वेन

4. जब मैं निराश होता हूँ, तब मैं स्वयं को याद दिलाता हूँ कि इतिहास गवाह है कि सत्य और प्रेम का मार्ग हमेशा जीतता है। दुनिया में अत्याचारी और हत्यारे पैदा हुए हैं और एक समय पर लगता है कि वे अजेय हैं लेकिन अंत में उनकी हार होती है। यह बात हमेशा याद रखो।
–महात्मा गाँधी

5. जरूरी नहीं कि कोई बात केवल इसलिए सच हो क्योंकि एक आदमी उसके लिए मर गया।
–ऑस्कर वाइल्ड

6. सत्य विरले ही शुद्ध होता है लेकिन कभी सरल नहीं होता।
–ऑस्कर वाइल्ड

7. लोग कभी-कभी सत्य पर ठोकर खाकर लड़खड़ाते हैं, लेकिन अधिकांश लोग स्वयं को सँभालकर खड़े हो जाते हैं मानो कुछ हुआ ही न हो।
–विंस्टन एस. चर्चिल

8. सत्य तो एक ही होता है। इसके 'संस्करण' असत्य होते हैं। *–डेविड मिशेल*

9. जहाँ प्रकाश लाने की कोशिशों के लिए दर्द सहा जाता है, वहाँ सत्य की जीत होती है।
–जॉर्ज वाशिंगटन

10. सभी सत्य को टुकड़ों में देखते हैं, संपूर्णता में नहीं।

-हेनरी वार्ड बीचर

11. जिस बात पर लोग विश्वास करते हैं, वह सत्य पर पलता है। *-सोफोक्लीज*

cs෴ഇ

132

सोच

1. सोच पूँजी है, उद्यम एक तरीका और मेहनत समाधान।

–ए. पी. जे. अब्दुल कलाम

2. अगर हर कोई एक जैसा सोच रहा है तो कोई भी नहीं सोच रहा।

–बेंजामिन फ्रैंकलिन

3. आप जैसा सोचते हैं, वैसे ही बनते हैं। *–बुद्ध*

4. यदि आप किसी बात को छह साल के बच्चे को नहीं समझा सकते, तो इसका अर्थ है कि आप स्वयं भी उसे नहीं समझे हैं। *–आइंस्टीन*

5. हमें ऐसे मनुष्यों की जरूरत है जो उन चीजों का सपना देख सकें जो अभी अस्तित्व में नहीं हैं। *–जॉन एफ. कैनेडी*

6. मनुष्य अपने विचारों की उपज है। वह जो सोचता है, वैसा ही बन जाता है।

–गाँधी

7. बच्चे को अपनी शिक्षा तक सीमित न रखें, वह आप से दूसरे समय में पैदा हुआ है। *–टैगोर*

8. 5% लोग सोचते हैं; 10% लोग सोचते हैं कि वे सोचते हैं और बाकी 85% सोचने से ज्यादा मर जाना पसंद करेंगे। *–थॉमस ए. एडीसन*

9. सभ्यता का सबसे आवश्यक कार्य लोगों को यह समझाना है कि कैसे सोचा जाए। यही हमारे पब्लिक स्कूलों का प्राथमिक उद्देश्य होना चाहिए।

–थॉमस ए. एडीसन

ೞ३೩

133

समय

1. खोया हुआ समय फिर कभी हाथ नहीं आता। *–बेंजामिन फ्रैंकलिन*

2. आप देरी कर सकते हैं लेकिन समय कभी देरी नहीं करेगा। *–बेंजामिन फ्रैंकलिन*

3. वह सबसे अच्छा समय था, वह सबसे खराब समय था (कट्टरपंथी विरोधों का समय)। *–चार्ल्स डिकेन्स*

4. यह मत कहो कि आपके पास पर्याप्त समय नहीं है। आपको दिन के ठीक उतने ही घंटे दिए गए हैं जितने कि हेलेन केलर, पाश्चर, माइकल एंजेलो मदर टेरेसा, लियोनार्डो दा विंची, थॉमस जेफरसन और अल्बर्ट आइंस्टीन को दिए गए थे। *–एच. जैक्सन ब्राउन जूनियर*

5. सही काम करने के लिए समय हमेशा सही होता है। *–मार्टिन लूथर किंग*

6. एक समय आता है जब मौन विश्वासघात करता है। *–मार्टिन लूथर किंग*

7. तितली महीनों नहीं बल्कि पलों को गिनती है और उसके पास पर्याप्त समय होता है। *–टैगोर*

8. कभी भी बेकार न बैठने का संकल्प लें। फिर किसी भी व्यक्ति के पास समय की कमी की शिकायत का अवसर नहीं होगा। हमेशा कार्य करते रहने का मजा ही कुछ और है। *–थॉमस पेन*

134

एकता

1. पूर्ण अपने भागों के योग से बड़ा होता है अर्थात् वस्तु की पूर्णतः उस वस्तु के अलग-अलग हिस्सों की अपेक्षा बेहतर है क्योंकि उनका जुड़ना वस्तु की गुणवत्ता को बढ़ा देता है। *-वॉल्टेयर*

2. एक साथ आना एक शुरुआत है; एक साथ रहना प्रगति; और एक साथ कार्य करना सफलता है। *-हेनरी फोर्ड*

3. अकेले हम बहुत कम कार्य कर पाते हैं; एक साथ हम बहुत कुछ कर सकते हैं। *-हेलेन केलर*

4. अपने आप में बँटा हुआ घर टिक नहीं सकता। *-अब्राहम लिंकन*

5. अच्छा खोजें। एकता की तलाश करें। हमारे बीच के विभाजनों को अनदेखा करें। *-अरस्तु*

6. याद रखें कि प्रत्येक के आचरण पर सभी का भाग्य निर्भर करता है। *-सिकंदर महान*

7. संख्या में नहीं, बल्कि एकता में हमारी ताकत छुपी हुई है। *-थॉमस पेन*

8. जो जीवन की एकता का अनुभव करता है, वह स्वयं को सभी प्राणियों में देखता है। *-गौतम बुद्ध*

9. झुंड की ताकत के लिए भेड़िया होता है, और भेड़िये की ताकत के लिए झुंड होता है। *-रुडयार्ड किपलिंग*

10. हमारी ताकत एकजुटता में है और विभाजन में कमजोरी। *-जे. के. राउलिंग*

135

हिंसा

1. हिंसा से मिली जीत हार के बराबर होती है क्योंकि हार अस्थायी होती है।
–महात्मा गाँधी

2. अक्षम लोगों की अंतिम शरणस्थली हिंसा है। *–इसहाक असिमोव*

3. बुराई केवल और अधिक बुराई को जन्म देती है, और हिंसा अधिक हिंसा को। यह एक ऐसा घुमावदार रास्ता है, जहाँ हर कोई कैद होता है।
–ओपे फ्रांसिस

4. औरों के साथ आप चाहे कितनी भी हिंसा क्यों न करें, वह आपको स्वयं के साथ की हिंसा के लिए तैयार नहीं करता। *–ग्लेन डंकन*

5. आइए हम सब मिलकर प्रत्येक मानव के जीवन की पवित्रता की घोषणा करें और मनुष्य के विरुद्ध हर प्रकार की हिंसा चाहे शारीरिक, सामाजिक, शैक्षिक या मनोवैज्ञानिक हो, उसका विरोध करें। *–पोप फ्रांसिस*

6. हिंसा में हम भूल जाते हैं कि हम कौन हैं। *–मैरी मैकार्थी*

7. जो जितनी तलवार चलाते हैं, वे सब तलवार से ही मारे जाएँगे। *–बाइबल*

8. मैं किसी भी उद्देश्य को पाने के लिए हिंसा के तरीके को गलत मानता हूँ। उद्देश्य पूर्ति के हमेशा अच्छे विकल्प हो सकते हैं, चाहे थोड़े अप्रत्यक्ष ही क्यों न हों।
–इसहाक असिमोव

9. राज्य अपने स्वयं की हिंसा को कानून कहता है, लेकिन व्यक्तिगत हिंसा को अपराध। *–मैक्स स्टिरनर*

10. हिंसा एक स्वीकारोक्ति है जहाँ मान लिया जाता है कि विचार और लक्ष्य अपने गुणों के बलबूते पर जीवित नहीं रह सकते। *–टेड कैनेडी*

136

वेद

1. व्यक्ति सरल और विनम्र होकर सब कुछ प्राप्त कर सकता है। *-ऋग्वेद*

2. आलस्य व्यक्ति के उत्साह और ऊर्जा को नष्ट कर देता है। परिणामस्वरूप व्यक्ति सभी अवसरों को खो देता है और अंत में निराश और हताश हो जाता है। सबसे बुरी बात यह है कि वह खुद पर विश्वास करना बंद कर देता है। *-सामवेद*

3. जब मन, हृदय और संकल्प के बीच सामंजस्य हो तो कुछ भी असंभव नहीं है। *-ऋग्वेद*

4. दूसरों के नेतृत्व के अधीन मत रहो, अपने को जगाओ, अपने स्वयं के अनुभव एकत्र करो और अपने रास्ते का निर्णय स्वयं लो। *-अथर्ववेद*

5. एक निष्पक्ष दृष्टिकोण रखकर मानवता की भलाई के लिए कर्म करना चाहिए क्योंकि पूर्वाग्रह बुराई को जन्म देता है, जिससे हमारे रास्ते में हजारों बाधाएँ आती हैं। *-ऋग्वेद*

6. जो व्यक्ति हमेशा अच्छे कार्यों में लगा रहता है, वह निरंतर दिव्य सुख का अनुभव करता है। *-ऋग्वेद*

7. सत्य को दबाया नहीं जा सकता और अंतिम विजेता हमेशा सत्य ही होता है। *-यजुर्वेद*

8. अपनी मातृभूमि, संस्कृति और अपनी मातृभाषा का हमेशा सम्मान करना चाहिए क्योंकि वे खुशियाँ देते हैं। *-ऋग्वेद*

9. परमेश्वर भी केवल उन्हीं को आशीष देते हैं जो मनन करते हैं, बुद्धिमान होते हैं और कमजोरों के रक्षक होते हैं। *-ऋग्वेद*

10. सत्य एक है; ऋषि–मुनि इसे विभिन्न नामों से पुकारते हैं। *–ऋग्वेद*

11. अहंकार इंसानों का सबसे बड़ा दुश्मन है। *–ऋग्वेद*

12. अहंकारी कभी विनम्र नहीं हो सकता इसलिए भगवान भी उसे शायद ही कभी आशीर्वाद देते हैं। *–ऋग्वेद*

13. बुद्धि सबसे शक्तिशाली है और इसकी पहुँच के परे कुछ भी नहीं है। *–ऋग्वेद*

14. उत्साही व्यक्ति कड़ी मेहनत और प्रयासों से सब कुछ प्राप्त कर सकता है। वह अपने दुश्मनों को भी वश में कर सकता है। *–ऋग्वेद*

15. अज्ञानता के कारण मनुष्य मृत्यु से डरता है लेकिन जब 'ज्ञान की ज्वाला' मन में प्रज्वलित होती है तब 'मृत्यु का भय' समाप्त हो जाता है। *–अथर्ववेद*

16. नेता बहुत सावधान और अनुशासित होता है। ऐसा व्यक्ति निश्चित ही सम्मान और प्रशंसा के योग्य होता है *–ऋग्वेद*

17. हमें सूर्य से प्रेरणा लेकर निरंतर मानव जाति के लाभ के लिए काम करना चाहिए, ताकि हर जगह शांति और समृद्धि व्याप्त हो। *–सामवेद*

18. धन का अभिमान धन का नाश करता है, उसी तरह ज्ञान के अभिमान से ज्ञान का नाश होता है। *–सामवेद*

19. हमारे शब्द हमारे स्वभाव को प्रदर्शित करते हैं कि हम किस प्रकार के व्यक्ति हैं और कैसे सोचते हैं। *–सामवेद*

20. असत्य से सत्य की ओर बढ़ने का प्रयास करें। *–अथर्ववेद*

21. एक आदमी की वृद्धि और प्रगति में बाधा आएगी यदि उसके पास शुद्ध मन और शुद्ध शरीर नहीं है। *–सामवेद*

22. अच्छी पुस्तकों को पढ़ने और अध्ययन करने से, उन पर मनन करने से अच्छे विचार आ सकते हैं। *–यजुर्वेद*

23. बुरे इरादों से किया गया अच्छा काम अनिवार्य रूप से असफलता की ओर ले जाता है। इसलिए बुरी प्रवृत्तियों से परहेज करना चाहिए। *–यजुर्वेद*

24. जन्म और मृत्यु में सभी समान हैं। मतभेद केवल इन दोनों के बीच के अंतराल में होता है। सम्राट और भिखारी दोनों नग्न पैदा होते हैं; वे समान रूप से खामोश होकर सोते हैं; उम्र होने पर भी वे बिना अपना पता बताये अवकाश ग्रहण करते हैं तो फिर उनकी हकीकत कैसे अलग हो सकती है ? इस बात में कोई शक नहीं कि मूल रूप से सभी समान हैं। *–अथर्ववेद*

☙

137

बुद्धि

1. स्वयं को जानना सभी प्रकार के ज्ञान की शुरुआत है। *–अरस्तु*

2. सत्ता देना आसान है, परन्तु किसी को अक्ल देना मुश्किल। *–बी. आर. अंबेडकर*

3. वर्तमान में मिले सुखों का चिंतन करें–जो प्रत्येक मनुष्य के पास अनेक हैं। अपने पिछले दुर्भाग्यपूर्ण क्षणों को भूल जाएँ क्योंकि वे हर व्यक्ति के पास थोड़े से ही हैं। *–चार्ल्स डिकेन्स*

4. हम तीन तरीकों से ज्ञान सीख सकते हैं: पहला, आत्म–चिंतन से, जो श्रेष्ठ है; दूसरा, अनुकरण से, जो सबसे आसान है; और तीसरा अनुभव से, जो सबसे कड़वा है। *–कन्फ्यूशियस*

5. जो व्यक्ति प्रश्न पूछता है वह एक मिनट के लिए मूर्ख होता है, पर जो नहीं पूछता वह जीवन भर के लिए मूर्ख है। *–कन्फ्यूशियस*

6. जिसने कभी गलती नहीं की, उसने कभी कुछ भी नया करने की कोशिश की। *–आइंस्टीन*

7. कोई भी मूर्ख ज्ञान पा सकता है पर बात समझने की है। *–आइंस्टीन*

8. ऐसा नहीं है कि मैं बहुत होशियार हूँ; बस मैं बहुत लंबे समय तक प्रश्नों के साथ रहता हूँ। *–आइंस्टीन*

9. क्रोधी लोग हमेशा बुद्धिमान नहीं होते हैं। *–जेन ऑस्टेन*

10. एक अच्छे पुस्तकालय में आप कुछ रहस्यमयी महसूस करते हैं, मानो आप अपनी त्वचा के माध्यम से, बिना पुस्तकें खोलें, उन सभी पुस्तकों के ज्ञान को अवशोषित कर रहे हों। *–मार्क ट्वेन*

11. अपने घावों को ज्ञान में बदलो। *–ओपरा विनफ्रे*

12. सभी बुद्धिमान लोग तीन बातों से डरते हैं: समुद्र में तूफान, बिना चाँद वाली रात और सज्जन व्यक्ति के क्रोध से। *–पैट्रिक रोथफस*

13. कल मैं होशियार था, इसलिए दुनिया को बदलना चाहता था; आज मैं बुद्धिमान हूँ, इसलिए स्वयं को बदल रहा हूँ। *–रूमी*

14. एकमात्र सच्चा ज्ञान यह जानने में है कि आप कुछ नहीं जानते हैं। *–सुकरात*

15. मूर्ख तो समझता है कि वह बुद्धिमान है, परन्तु बुद्धिमान खुद को मूर्ख समझता है। *–विलियम शेक्सपियर*

ᏅᏕᏅ

138

इच्छाशक्ति

1. ताकत शारीरिक क्षमता से नहीं आती। यह अदम्य इच्छाशक्ति से आती है।

   –महात्मा गाँधी

2. आप मुझे जंजीर में बाँध सकते हैं, प्रताड़ित कर सकते हैं, शरीर भी नष्ट कर सकते हैं, लेकिन कभी मन–मस्तिष्क को कैद नहीं कर सकते।

   –महात्मा गाँधी

3. जहाँ चाह है, वहाँ राह है। *–अंग्रेजी कहावत*

4. जीवन के अधिकांश कार्य हमारी पहुँच के भीतर हैं, लेकिन उसके निर्णय इच्छाशक्ति लेती है। *–रॉबर्ट मैकी*

5. जो दृढ़ निश्चयी होते हैं, वे संसार को अपने अनुसार ढाल लेते हैं।

   –जोहान वोल्फगैंग वॉन गोएथे

6. इंसान की इच्छाशक्ति के आगे कुछ नहीं टिक सकता।

   –बेंजामिन डिजरायली

7. यदि आप में जीतने की इच्छा है, तो आपने आधी सफलता हासिल कर ली है; और अगर नहीं तो आधी विफलता। *–ली लैब्राडा*

139

युद्ध और लड़ाई

1. हम बेवजह अपने कीमती संसाधन युद्धों में बर्बाद कर रहे हैं...अगर हमें युद्ध ही करना है, तो बेरोजगारी, बीमारी, गरीबी और पिछड़ेपन से करें।
   -अटल बिहारी वाजपेयी

2. युद्ध यह निर्धारित नहीं करता कि कौन सही था-केवल यह निश्चित करता है कि कौन जीवित बचा। *-बर्ट्रेंड रसेल*

3. मुझे नहीं पता कि तीसरा विश्व युद्ध किन हथियारों से लड़ा जाएगा, लेकिन यह निश्चित है कि चौथा विश्व युद्ध डंडे और पत्थरों से लड़ा जाएगा।
   -आइंस्टीन

4. मानवजाति को युद्ध का अंत कर देना चाहिए-वरना युद्ध मानव जाति का अंत कर देगा। *-जॉन एफ कैनेडी*

5. पहले वे आपकी उपेक्षा करते हैं, फिर वे आपका उपहास करते हैं, फिर वे आप से लड़ते हैं, और फिर आप जीत जाते हैं। *-महात्मा गाँधी*

6. युद्ध शांतिपूर्ण कल को तराशने की तुच्छ-सी छेनी है। *-मार्टिन लूथर किंग*

7. जब लड़ाई खुद के भीतर शुरू होती है, तो आदमी किसी बात के लायक होता है। *-रॉबर्ट ब्राउनिंग*

8. यदि आप कभी किसी लड़ाई में नहीं पड़े तो आप अपने बारे में कितना जान पाए होंगे? *-चक पालाह्नयुक*

9. आज तक कभी भी एक अच्छा युद्ध, या एक बुरी शांति नहीं थी।
   -बेंजामिन फ्रैंकलिन

10. यह अजीब है कि जो लोग सबसे अधिक युद्ध समर्थक हैं, उन्हें कभी युद्ध नहीं लड़ना पड़ा। *-जेरोम पी. क्रैब*

11. सच्चा सिपाही इसलिए नहीं लड़ता कि जो सामने है, उससे नफरत करता है बल्कि इसलिए लड़ता है कि जिन्हें वह पीछे छोड़कर आया है उनसे प्रेम करता है।
–जी.के. चेस्टर्टन

12. जब अमीर युद्ध करते हैं, तो गरीब मरते हैं। ***–ज्यां-पॉल सार्त्र***

13. युद्ध शांति की समस्याओं से कायरतापूर्ण पलायन मात्र है। ***–थॉमस मान***

14. इतिहास सिखाता है कि युद्ध तब शुरू होते हैं जब सरकारें विश्वास करती हैं कि आक्रामकता की कीमत देना आसान है। ***–रोनाल्ड रीगन***

15. सभी युद्ध कूटनीति की विफलता का प्रतिनिधित्व करते हैं। ***–टोनी बेन***

16. कलम और स्याही के युद्ध अक्सर तोप के संगीन युद्ध की ओर ले जाते हैं।
–एडवर्ड काउंसेल

17. 'युद्ध' अद्‌भुत इतिहास रचता है; लेकिन 'शांति' भविष्य के बारे में चिंतन-मनन न करना है। ***–थॉमस हार्डी***

140

महिला अधिकारिता

1. मैं एक समुदाय की प्रगति को इस बात से मापता हूँ कि महिलाओं ने कितनी प्रगति की है।
–बी.आर. अंबेडकर

2. क्या आप जानते हैं कि आज महिलाएँ हमारे कार्यबल का आधा हिस्सा हैं, फिर भी वे पुरुषों द्वारा अर्जित एक डॉलर के 77 सेंट ही कमाती हैं। यह गलत है, और 2014 में तो इसे शर्मिंदगी की बात माना गया। महिलाओं को पुरुषों के समान कार्य करने पर समान वेतन मिलना चाहिए।
–बराक ओबामा

3. आप एक आदमी को शिक्षित करते हैं, तो आप एक आदमी को शिक्षित करते हैं। लेकिन जब आप एक महिला को शिक्षित करते हैं तो एक पीढ़ी को शिक्षित करते हैं।
–ब्रिंघम यंग

4. नारी की मुक्ति, पुरुषों में स्त्रीत्व की मुक्ति है और महिलाओं में पुरुषत्व की।
–कोरिता केंट

5. महिलाएँ पुरुषों की तुलना में दोगुना खाती हैं। उनके पास पुरुषों की तुलना में चार गुना अधिक ज्ञान; छह गुना अधिक साहस और पुरुषों से आठ गुना अधिक कामुक आग्रह है।
–चाणक्य

6. अब तक देखी सबसे खूबसूरत महिलाओं में मेरी माँ सबसे खूबसूरत थीं। मैं जो कुछ भी हूँ, उसके लिए अपनी माँ का कर्जदार हूँ। मैं अपनी सफलता का श्रेय मेरे नैतिक मूल्यों, बौद्धिक गुणों और शारीरिक शिक्षा को देता हूँ जो मैंने उनसे प्राप्त की।
–जॉर्ज वाशिंगटन

7. मेरा मानना है कि महिलाओं और लड़कियों के अधिकार 21वीं सदी के अधूरे रहने वाले काम हैं।
–हिलेरी क्लिंटन

8. महिलाएँ दुनिया की प्रतिभा का सबसे बड़ा अप्रयुक्त संग्रह कोष हैं।
–हिलेरी क्लिंटन

9. जो महिलाएँ काम करना चाहती हैं वे काम करने की पात्र हैं। और जब भी उन्हें उस अवसर से वंचित किया जाता है, तो यह हमारी हार है। 21वीं सदी की प्रतिस्पर्धी वैश्विक अर्थव्यवस्था के चलते महिलाओं की उपेक्षा करना भूल होगी। जब हम लोगों को छोड़ देते हैं या उन्हें हाशिए पर धकेल देते हैं, तो हम न केवल उन्हें और उनके सपनों को छोटा कर देते हैं बल्कि अपने देश और भविष्य को भी सीमित कर देते हैं। ***-हिलेरी क्लिंटन***

10. लड़कियों को शिक्षित करना गरीबी को कम करना है। ***-कोफी अन्नान***

11. एक महिला को सशक्त बनाएँ-एक समुदाय को सशक्त बनाएँ। ***-कोफी अन्नान***

12. जब तक हमने आधों को आगे बढ़ने से रोक रखा है, तब तक हम सभी सफल नहीं हो सकते। ***-मलाला यूसुफजई***

13. किसी भी समाज को आँकने का पैमाना यह है कि वह महिलाओं और लड़कियों के साथ कैसा व्यवहार करता है। ***-मिशेल ओबामा***

14. जिस दिन एक महिला सड़कों पर निश्चिंत और स्वच्छंद रूप से चल सकेगी, उस दिन हम कह सकते हैं कि भारत ने आजादी हासिल कर ली। ***-एम.के. गाँधी***

15. मैं नहीं चाहती कि स्त्रियों का पुरुषों पर अधिकार हो; लेकिन खुद के ऊपर तो हो। ***-मैरी शेली***

16. कृपया ऐसी कविता न दोहराएँ जिसमें सुंदर महिलाओं के होठों पर चुंबन के लाल धब्बे हों। कुंती, एक देहाती बूढ़ी औरत अब घर-घर जाकर दस्तक दे रही है और नौकरी की तलाश कर रही है। वह अपने बेटों द्वारा पीटी जाती है। ***-मनमोहन आचार्य***

17. महिला को कमजोर कहना अपमान है; यह पुरुष का उसके प्रति अन्याय है। अगर ताकत से मतलब पाश्विक शक्ति से है तो महिला पुरुष से निश्चित रूप से कम ताकतवर है। यदि ताकत का मतलब नैतिक शक्ति से है तो स्त्री पुरुष से श्रेष्ठ है। क्या उसके पास अधिक अंतरज्ञान नहीं है, क्या वह अधिक आत्म-बलिदान नहीं देती? क्या उसके पास सहनशक्ति जैसी महान शक्तियाँ नहीं हैं? क्या उसके पास साहस नहीं है? उसके बिना, पुरुष कुछ नहीं कर सकता। अगर अहिंसा हमारे अस्तित्व का कानून है तो हमारा भविष्य महिलाओं के साथ जुड़ा है। महिला से ज्यादा प्रेम का प्रभावकारी निवेदन भला कौन कर सकता है? ***-महात्मा गाँधी***

18. भविष्य में कोई महिला नेता नहीं होगी। सिर्फ पुरुष नेता होंगे। -***शेरिल सैंडबर्ग***

19. विश्व के कल्याण की कोई संभावना नहीं है, जब तक महिलाओं की स्थिति में सुधार नहीं होगा। पक्षी के लिए एक पंख पर उड़ना संभव नहीं है।

-***स्वामी विवेकानंद***

☙❧

141

कार्य

1. मैंने अपने जीवन में कभी एक दिन भी काम नहीं किया, सब कुछ मजेदार था।
–थॉमस ए. एडीसन

2. जीवनधारा को पार करने वाला पुल आपके लिए कोई नहीं बनाएगा। आपको स्वयं ही इसका निर्माण करना होगा। ***–फ्रेडरिक नीत्शे***

3. प्रेम के बिना काम गुलामी है। ***–मदर टेरेसा***

4. काम तीन बड़ी बुराइयों को दूर करता है–ऊब, बुराई, और गरीबी। ***–वॉल्टेयर***

5. यदि आप अपने काम से प्यार करते हैं, यदि आप इसका आनंद लेते हैं, तो आप पहले से ही सफल हैं। ***–जैक कैनफील्ड***

6. वह मनुष्य कभी भी अपने लिए श्रम नहीं करेगा जो स्वयं के लिए दूसरों से श्रम करवाएगा। ***–थॉमस जेफरसन***

7. अगर मैं एक चिकित्सक होता, तो मैं श्रम को महत्त्व देने वाले मरीज को एक दिन की छुट्टी लेने की सलाह देता। ***–बर्ट्रेंड रसेल***

8. एक कर्मचारी वस्तु में अपना जीवन लगाता है; अब वह जीवन उसका नहीं रहा, वस्तु का हो गया। ***–कार्ल मार्क्स***

9. आप अपने काम में जो घंटे लगाते हैं वह मायने नहीं रखता, आप असल में उन घंटों में कितना काम करते हैं, वह मायने रखता है। ***–इवान एसार***

10. जीवन हम नश्वर लोगों को बिना मेहनत के कुछ भी नहीं देता। ***–होरेस***

142

योग

1. जैसे कि तना एक होता है लेकिन शाखाएँ अनेक होती हैं वैसे ही योगविद्या वही है, उसके तरीके भिन्न हो सकते हैं। ***–बी. के. एस. अयंगर***

2. आप योग नहीं कर सकते। योग आपकी प्राकृतिक अवस्था है। आप जो कर सकते हैं वह है योगाभ्यास, जो आपको यह अहसास दिलाता है कि आप प्राकृतिक दशा का विरोध कर रहे हैं। ***–शेरोन गैनन***

3. एक फोटोग्राफर लोगों से अपने लिए पोज करवाता है। योग प्रशिक्षक लोगों को खुद के लिए पोज देने के लिए कहते हैं। ***–टेरी गुइलमेट्स***

4. योग धर्म को परिवर्तित करने की एकीकृत कला है, फिर चाहे वह प्रेरित विचार हों, हमारे बच्चों का ठीक से पालन–पोषण हो, पेंटिंग हो, दया या शांति का कार्य जो मानवता को आगे ले जाने का कार्य करे। ***–मिशेलिन बेरी***

5. योग करने के लिए आपका सबसे महत्त्वपूर्ण उपकरण आपका शरीर और मन–मस्तिष्क होता है। ***–रोडनी यी***

6. योग वास्तव में जाग्रत होने की कला है। अपनी सही पहचान को पाने की कला। वह इतनी सरल भी हो सकती है। ***–एड्रिन मिशलर***

7. योग हमें ठीक करता है, पोषण देता है और चुनौती देता है। इसका अभ्यास हमारे जीवन के हर कोने में गुप्त रूप से प्रवेश करता है। ***–वैलेरी जेरेमीजेंको***

8. योग मुझे शांत करता है। यह एक साथ सब कुछ है–चिकित्सा सत्र भी है, कसरत भी है, ध्यान भी है। ***–जेनिफर एनिस्टन***

9. योग कोई धर्म नहीं है। यह एक विज्ञान है, कल्याण का विज्ञान, यौवन का विज्ञान, शरीर, मन और आत्मा को एकीकृत करने का विज्ञान। ***–अमित राय***

10. समस्त अशांतियों से मुक्त मन ही योग है। *–पतंजलि*

11. योग का अर्थ है मिलन, अपने सभी आयामों और महत्त्वों का मिलन।
–इंद्र देवी

12. आप जीवन में जो कुछ भी करते हैं, योग आपको बताता है कि इससे बेहतर कैसे किया जाए। *–चक मिलर*

13. सभी अभ्यासी उस उच्चतम तक स्तर तक नहीं जा सकते। भौतिक क्षेत्र से आध्यात्मिक क्षेत्र तक पहुँचने के लिए उन्हें कदम-दर-कदम आगे बढ़ना पड़ता है। अगर यह व्यायाम के रूप में माना जाता है तो यह योग का दोष नहीं है बल्कि अभ्यास करने वालों का दोष है। *–बी.के.एस. अयंगर*

14. अगर योग नहीं होता, तो मैं इसका आविष्कार करता। *–जेनिफर एनिस्टन*

15. योग मन का निरोध है। *–पतंजलि*

143

युवा

1. युवा खुश है क्योंकि उसमें सुंदरता देखने की क्षमता है। जो सुंदरता देखने की क्षमता रखता है, वह कभी बूढ़ा नहीं होता। ***–फ्रांज काफ्का***
2. राष्ट्र के युवा भावी पीढ़ी के न्यासी होते हैं। ***–बेंजामिन डिजरायली***
3. एक युवा को भ्रष्ट करने का निश्चित तरीका उसे यह समझाना है कि उन लोगों का सम्मान करो जो एक जैसी सोच रखते हैं न कि जो अलग-अलग सोच रखते हैं। ***–फ्रेडरिक नीत्शे***
4. कोई भी समाज जो युवाओं की ऊर्जा और रचनात्मकता का दोहन और उपयोग करने की क्षमता नहीं रखता, हमेशा पिछड़ा रहता है। ***–कोफी अन्नान***
5. युवाओं को हमेशा वैश्विक परिवर्तन और नवाचार में सबसे आगे रहना चाहिए। जब वे सशक्त हो जाएँगे तो विकास और शांति प्राप्त करने के प्रमुख एजेंट बन जाएँगे। ***–कोफी अन्नान***
6. युवा युवा नहीं रहता, आदमी बनता है जब उसका पहला स्वप्न मर जाता है। ***–विलियम हर्बर्ट कारुथ***
7. युवा होने में काफी समय लगता है। ***–पाब्लो पिकासो***
8. यौवन सुख का वादा प्रदान करता है पर जीवन दुःख की वास्तविकता प्रस्तुत करता है। ***–निकोलस स्पार्क्स***
9. अपनी युवावस्था दुनिया में वापस पाने के लिए मैं कुछ भी करूँगा सिवाय जल्दी उठने के, व्यायाम करने के या सम्मानजनक पात्र बनने की कोशिश के। ***–ऑस्कर वाइल्ड***
10. युवाओं की इस पीढ़ी की समस्या है कि वे जोखिम लेने से डरते हैं और उनमें इतना जूनून नहीं कि घर से बाहर निकलें और जिस जीवन का अनुभव भविष्य में लेना चाहते हैं, उस भविष्य का निर्माण करें। ***–क्लाउडिया टर्बे क्विंटरो***